U0547596

重压下的孩子们

［日］太田敏正 著　曹逸冰 译

陕西新华出版传媒集团
陕西人民出版社

序言

书店里总有一排洋溢着斗志与希望的书架。

《让孩子变聪明的交谈技巧》《如何让孩子爱上学习》《×岁看到老》《考上东大的孩子如何学习》……放眼望去,尽是这样的书名。

然而稍微走上两步,你便会看到另一排书架,映入眼帘的书名直教人脊背发凉。给大家举几个例子吧。

《中毒的父母》(苏珊·福沃德著)、《有毒的妈妈:与母亲小川真由美的四十年战争》(小川雅代著)、《解绑:挣脱熬人的父母》(小岛庆子著)、《母亲这种病》《父亲这种病》(冈田尊司著)……

这些书的主人公与作者虽已长大成人,却没能走出与父母的纠葛。

两排书架的间距不到十米,四周的温度却是冰火两重天。在最糟糕的情况下,甚至会有命案发生在两种情况的夹缝中。

最出名的例子莫过于1980年的日本预科生弑亲案,凶手用金属球棒打死了亲生父母。据报道,围绕成绩和升学的父子冲突是酿成惨祸的原因之一。

2006年,日本某知名重点学校的高中生杀害了继母和她的两个孩子,然后一把火烧了自家的房子。因为父亲逼他学医,考试成绩稍不理想就对他破口大骂,拳打脚踢。他的作案动机正是泄愤。

2008年的"秋叶原无差别杀伤案"更是震撼了日本社会。经过调查,人们发现凶手自幼受到母亲的全方位管控与超乎想象的虐待。

2016年,一位父亲用菜刀捅死了上六年级的儿子。因为儿子没有认真准备小升初择校考试。我都不敢想象孩子中刀的那一刻是什么心情。

每次爆出此类案件,大众媒体都会统一口径,炮轰"学历社会的歪曲""偏差值①至上主义"与"精英导向思想",将案件定性为"发生在不食人间烟火的精英家庭的特例"。然而,这些案件的发生真是特例吗?

走投无路的孩子动手弑亲的案件总有各路媒体大肆报道。但走投无路的孩子若是选择了自杀,就只会被算作一起司空寻常的

---

① 偏差值指相对平均值的偏差数值,是日本人对于学生智能、学习能力的一项计算公式值。偏差值反映的是每个人在所有考生中的水准顺位。通常以50为平均值,80为最高值,25为最低值。(本书脚注均为译者注)

自杀案，任其原因埋没在岁月中。如果既没有人遇害，又没有人自杀，那就更是无人关注了。即使走投无路的孩子长大成人后仍被阴霾笼罩，也几乎不会为世人所知。

一位毕业于东京大学的日本女医师曾在自白书中毫无保留地叙述了自己痛苦至极的人生经历。父母从小否定她的全部人格，以至于她长大后患上了心理疾病，失去了社会精英的身份地位，吸食镇静剂成瘾，先后八次住进精神病医院，自杀未遂足足三十次。

当女儿考上东京大学，通过国家级考试拿下行医执照时，她的父母一定非常自豪，坚信自己稍显严格的教育方针是完全正确的。但他们显然错了，而且是大错特错。

女儿在无尽的煎熬中苦苦挣扎，为什么父母偏偏察觉不到？为什么他们要把女儿逼到那般地步？她觉得自己仿佛行尸走肉；无论是在工作中还是在恋爱中，人际关系都是矛盾重重；总是烦躁易怒，自己也不知道问题出在哪里。

如果你有这样的烦恼，说不定，你也是"教育虐待"的受害者。

"教育虐待"指父母打着"为你好"的旗号过度"管教"或"教育"子女。《每日新闻》在2012年8月23日发表的一篇报道提到，"强迫孩子以超过其承受极限的强度学习就是一种'教育虐待'"。

近年来，"教育虐待"一词频频登上各路媒体。莫非教育虐待的发生率正在上升？

谁也不知道。如前所述，教育虐待并不是近来才有的新鲜事。只是最近的教育虐待似乎呈现出了日趋复杂的结构，而这正是问题的核心。

在经济高速增长期，热衷教育的家长只需要考虑"如何把孩子送进名牌大学"就行了。哪怕孩子长成了手无缚鸡之力的"豆芽菜"也没关系，只要能考出好成绩，获得"高学历"这一光鲜亮丽的包装，家长们便能心满意足。

然而今时不同往日，"百无一用是学历"已成常态。但这并不意味着孩子不再需要学历——许多家长认为"高学历"不过是标配，孩子还需要掌握一些锦上添花的技能，英语、编程、演讲……

"学习好是理所当然的，但只会学习还不够。"简而言之，孩子的负担比以前更重了。

因为孩子的成绩不理想而厉声责骂，怎么教都不会，急得动了手……想必很多家长都有过这样的经历。说不定，许多人就是在这样的打骂中长大的。

这算不算教育虐待？严厉与教育虐待的分界线在哪里？教育虐待会对孩子造成怎样的影响？在教育虐待中长大的孩子会走上

怎样的人生路？……

揭示教育虐待的阴暗面，正是本书的主旨。

第1章至第3章详细呈现了我亲自采访的教育虐待事例。第4章则将话筒转向日本"儿童庇护所"的运营方，请他们讲述骇人听闻的教育虐待实例。在第5章中，我将与各位读者一同追溯"教育虐待"一词的由来。第6章聚焦将孩子"逼上绝路"的父母的内心世界。第7章将深度剖析诱发教育虐待的结构性问题，即社会与家庭的功能失调。第8章从儿童人权的角度出发，探讨成年人可以做些什么。

如果你是教育虐待的受害者，希望这本书能帮助你客观看待过去的经历，冲破昔日的牢笼。如果你担心自己成为教育虐待的实施者，也希望这本书能为缓解焦虑略尽绵薄之力。

* 文中事例的登场人物均为化名。为保护隐私，笔者已在不影响主旨的前提下对部分细节略做改动。

| 目录 |

第 1 章
"为你好"的诅咒

除了学习,什么都不许做 / 003
想看到母亲沮丧的样子 / 006
住在体内的另一个自己 / 008
彻底告别"以母之名" / 010
这都是为了你好啊 / 013
踏上社会后患上抑郁症 / 015
母亲也曾是受害者?! / 017

第 2 章
考上第一志愿也
无法愈合的伤口

儿子养成了吃发根的习惯 / 023
因做不完补习班的作业离家出走 / 027
用辍学逃避父母的过度干预 / 031
父亲的一封信化解了儿子的危机 / 035
弟弟因畏惧母亲而发病 / 038

	家庭教师的辱骂 / 043
	这里不是我选的地方 / 047
第 3 章	没经历过叛逆期，却出现进食障碍 / 050
进食障碍与顺手牵	为女儿学习育儿方法，得到救赎 / 053
羊——孩子发出的	梦见用百科全书殴打父亲 / 055
求救信号	顺手牵羊、小偷小摸和恶作剧电话
	都是求救信号 / 057
	亲子关系是可以修复的 / 059
	只要有容身之地，船到桥头自然直 / 061
第 4 章	女孩的风险更大 / 067
逃进避难所的	能逃出来就很了不起了 / 070
女孩远多于男孩	教育指导与虐待有何不同？ / 072
	虐待的基数正在不断扩大 / 076
	"滚出去"等于"去死吧" / 078

第 5 章
斯巴达式教育铸就的"成功"是否值得称颂?

发生在富裕家庭的虐待 / 083

要求孩子海量阅读其实体现了大人的
　　自私自利 / 087

为什么不能体罚? / 089

日本曾是孩子的"天堂" / 092

"教育虐待"一词的冲击力 / 095

第 6 章
披着理性外衣的情绪暴走

大考结束后走上绝路 / 101

致命凶器——"为什么做不到?" / 105

"承诺"将父母的愤怒合理化 / 107

"无法包容孩子的软弱"也是大人的
　　一种软弱 / 109

成功体验与耻辱体验的交汇 / 111

	"学历"本是公平的通行证 ／117
	创造"正确答案"的能力更重要 ／120
第 7 章	成功不是父母的功劳，而是孩子本身
酿成教育虐待的	底子好 ／123
两种功能失调	商业原理污染了教育 ／126
———————	"人力资源开发"不等于"教育" ／129
	家庭层面的功能失调更为棘手 ／131
	有时也需要求助于专家 ／134

	"行为不端"是无声的求救信号 ／139
第 8 章	陪着孩子一起惶惑不安就够了 ／141
父母"无能为力"	孩子会将生命注入自己的话语 ／145
又何妨	"孩子是社会的财富"具有两层含义 ／147
———————	大人耐不住自由，孩子的人权就无法
	得到保障 ／148

结语 ／153

| 第 1 章 |

"为你好"的诅咒

除了学习，什么都不许做

"要什么孩子！"

躺在床上的知佳突然喊道。此时正是夜半时分，连她自己都始料未及。知佳身子瑟瑟发抖。睡在一旁的丈夫赶忙起身。

无助孩童的形象在知佳的脑海中打转。"我怎么可能去爱这样一个孩子……"而那正是童年的自己。那时的她天天被母亲念叨："反正你就是没出息""你就这点儿水平""你能考出好成绩还不是多亏了我"……

20 世纪 80 年代中期，知佳出生在东京郊外。她说，"我父母都只有高中学历"。父亲高中毕业后子承父业，当起了木匠。母亲高中毕业后上过一段时间的护校，但后来退学结婚了。

年轻的木匠收入微薄，生活很是困苦。学历低也成了父母解不开的心结。"你无论如何都得考上大学，绝不能再过我们这样的苦日子了。"父母从小对她耳提面命。从她记事起，被迫练琴和学习便成了生活的全部。她几乎没有嬉戏玩耍的记忆。

每天晚饭前都要练琴，一练就是两个多小时。稍有差错，等待着知佳的就是责骂与殴打。街坊邻居上门提过意见，说"骂小孩的声音比琴声还响"，但母亲充耳不闻，认为"他们那是眼红"。

晚饭后则要学习四小时左右。放下筷子就得开始做功课，休息一分钟都是奢望。母亲每隔10分钟检查一次，看她有没有偷懒。

母亲无力辅导知佳，于是从书店买来成堆的教辅。知佳只得自己做题，自己打分，再拿给母亲检查。如果没能完成规定的习题量，母亲就会大发雷霆，逼她做到深夜。

考试成绩不理想便是拳打脚踢。哪怕考出了好成绩，兴冲冲地回家报喜，等待着知佳的仍是母亲的怒火。"瞧把你美的！你能考出好成绩还不是多亏了妈妈，又不是凭你自己的本事，你懂不懂啊？"

抓到知佳和小学同学写交换日记时，母亲怒骂道："你给我专心学习，别的什么都不许做！"知佳不仅遭到一通毒打，还被母亲无视了整整一个月。

听说知佳和成绩不好的同学约好一起出去玩，母亲命令道："不许去！去了你也要变傻了。立刻打电话推掉！"知佳别无选择，只能服从。

要是在去超市的路上偶遇同学的母亲，听对方说上一句"知佳前一阵子又被老师表扬了"，母亲便会心花怒放，有时甚至会主动吹嘘知佳的考试成绩。

母亲时时刻刻拿"别人家的孩子"与知佳作对比。发现知佳的成绩不如别人,便是一通责骂。

"家里没钱送我去上补习班,所以她大概是特别不希望我输给上补习班的孩子。"

母亲心情不好便会突然打骂知佳,或是对她不理不睬。不过无论心情有多糟,母亲总会为家人准备好饭菜,确保孩子穿得干净整洁。她的言行举止有一个大前提:"我有在好好履行母亲的职责。"

"反正你就是没出息"成了母亲的口头禅。知佳把这句话当了真。她坚信自己必须比别人加倍努力。虽然学习成绩很好,但她却对自己毫无信心。

"我就像母亲手里的一件东西。我在过她的人生,而不是我自己的人生。"

父亲对此视而不见。知佳每次求助,父亲都会这么说:"委屈你了,等你长大了就好了。到时候,你就能理解妈妈的一片苦心了。"但父母之间的关系并不差。

想看到母亲沮丧的样子

上初中的时候,知佳有过轻生的念头。但现在回想起来,那时的她并不是真的想死,只是觉得"怎么样都无所谓了""哪怕生命就此结束,我也没什么可遗憾的"。她只是想看到母亲失望沮丧的样子罢了。

万幸的是,校园生活充满乐趣。学校成了知佳唯一的避难所,良师益友成了她的救命稻草。但她没让任何人察觉到自己正在家中遭受着"教育虐待"。

初二那年,知佳不仅要完成学校的功课,还被逼参加英语、汉字和钢琴的等级考试。这完全超出了她的承受极限。她的身体开始不受控制地发抖,双手不停地冒汗,频频头晕目眩。

"现在想来,我当时肯定是得了自律神经失调症。"

知佳说自己不舒服,谁知母亲不仅没带她去医院,还说:"你就这点儿水平啊。妈妈为你做了这么多,都白费力气了。"也就是在这个时候,知佳意识到:"她不是为了我好才骂我的。她只是为了她自己。"于是,"大学一毕业就搬出去"成了知佳的目标。

后来，知佳考上了一所县立重点高中。自那时起，母亲虽然不再唠叨学习上的事情，对女儿的干涉却是变本加厉。每天都要怒骂三个多小时，知佳甚至都不记得母亲为什么生气。这恐怕是因为知佳在精神上日渐成熟，越来越不需要父母了，所以母亲才想方设法要将女儿置于自己的控制之下。这是母亲下意识的反应。

在挑选大学的时候，知佳斟酌了许久。如果考上了顶尖学府，母亲又要得意忘形了，到时候干涉怕是会进一步升级。可要是去了一所层次太低的大学，母亲定会恼羞成怒。所以她决定报考一所中等水平的大学，如此一来，母亲既不会喜出望外，也不至于动怒。

计划圆满成功。不过，只要知佳待在家里，就躲不过母亲的谩骂，但她学会了左耳进右耳出。

毕业后，她入职了一家补习班，辅导学生备战小升初择校考试。

"大家都说小升初考的不是孩子，而是家长。许多母亲为了帮孩子考上心仪的学校拼尽了全力。但我想告诉她们，'考试的不是你，而是你的孩子'。我想鼓励那些孩子，做好他们的后盾。"

这就是知佳求职时的心境。

她明确告诉母亲，"我一毕业就搬出去"。母亲却指责她说：

"女孩子家一个人住,以后不会有正经人家出来的男生要的。找份体面的工作,找个条件好的对象,别人都会,你怎么就不会了?"在离家前的几个月里,知佳天天都要挨打。母亲把热茶和酒泼到她脸上也是常有的事。"马上就能离开这个家了……"这个念头成了她的精神支柱。

住在体内的另一个自己

终于,知佳熬到了离家的那一天。她决定从头来过,只当过去的一切都没发生过。

补习班的同事和上司都很好,工作很是充实。她终于有机会面对儿时求之不得的种种了。她在学生身上看到了自己的影子,为他们加油鼓劲,对待家长也是不卑不亢。

"虽然我还不够强大,但好歹表达了自己的观点。"

知佳在即将步入 30 岁大关的时候结了婚。大约一年后,丈夫为了回关西继承家业辞去了工作。知佳也辞去了补习班的工作,帮他打理生意。她心想:"是时候开启属于自己的人生了。"她以为自己早已克服了漫长而痛苦的过往。

搬家后,知佳过上了慢节奏的幸福生活。

可不知为何,她变得暴躁易怒了。性格温厚的丈夫稍微犯点小错,她都要大做文章,显然是在撒气。她也察觉到了自己的变化,忍受着无缘无故的怒气与焦虑的折磨。起初,她还以为是环境的变化所致。

她觉得是时候要个孩子了,却迟迟都没能怀上。最后连月经都停了。

躺在床上的时候,童年的往事涌上心头。因为弹错钢琴挨打,因为考试成绩不好挨骂,无缘无故的拳打脚踢……

然后,她便会看到一个弱小无助、蜷缩着身子的孩子向自己走来,似乎是在求救。

"不!我怎么可能去爱这样一个孩子……"

那个孩子正是被尘封在记忆中的"过去的知佳",是住在她体内的另一个自己。多么可怜的孩子。她无声的呐喊被封印起来,连她的存在都被遗忘了。

于是,午夜梦回之时,知佳不自觉地喊道:"要什么孩子!"

婚后辞去工作的知佳,已经开始想象自己为人母的画面了。但她又不得不面对自己的过去。所以她搬去新环境后才会感到莫名的愤怒和烦躁。

在那个夜晚,通向过去的大门冲破封印,再度开启。压抑已久的种种情绪喷涌而出。

我们可以将受压抑的另一个自己称为"内在小孩"（inner child）①。在那一刻，一直蜷缩在知佳内心的那个孩子终于闹了起来。

拿丈夫出气应该也是"内在小孩"作祟。那些本该针对母亲的怒火无处可去，只能冲向与她最亲近的丈夫。

所以，如果你总是对配偶和孩子不耐烦，或是莫名其妙发火，说不定你心里也住着一个"内在小孩"。你可能也是教育虐待的受害者。

想过自己的人生，就不能永远自欺欺人，不能把"内在小孩"永远关起来。若要成为母亲，知佳迟早都得面对这一时刻。

彻底告别"以母之名"

关键时刻，丈夫温柔地说道：

"要不要找专家咨询一下？"

也许是冥冥之中自有定数——丈夫在大学主修的是心理学。他察觉到知佳搬来婆家附近之后不太对劲，对她很是包容。哪怕

---

① 这一概念最早由荣格提出，称内在小孩从潜意识、人类本性的深处所诞生，它代表的是所有存在中最强大的冲动，是内心最原始、最渴望的自我的欲望。

她把气撒在自己身上，他也体贴如故。在知佳发疯似的大喊大叫时，他依然冷静地包容妻子的焦虑，并建议她做心理咨询。

知佳决定接受丈夫的建议。那是一种前所未有的体验……

咨询期间，知佳不得不面对过去。压抑在心底的往事接连涌现。情绪汹涌而来，淹没了她的理智。

当年的痛苦、难熬、悲伤和恐惧重新涌上心头。泪水夺眶而出，根本止不住。这是一种情绪的"呕吐"，将她30年来强行压下的一切倾泻而出。这种面对过去的痛苦简直难以言喻。

咨询师告诉她：

"你可以放下你妈妈了。"

知佳想放手，她的心却在挣扎：

"我没法这么不孝。"

离开父母家后，知佳一直与母亲保持着一定的距离，她以为自己已经摆脱了母亲的控制。然而在情感层面，她仍对母亲存有依赖。

经过半年多的疏导，知佳终于明白自己与母亲是不同的个体，拥有着独立的人格，哪怕母亲因为自己的事不高兴，那也是母亲的问题，而不是她的。

"我被'母亲'困住了手脚，误以为一旦违背母亲就会遭天谴。"

知佳终于挣脱了母亲的束缚，不再对母亲感到恐惧了。

在咨询师的建议下，她决定给母亲写一封信。从心理学角度看，这是必要的"对决"环节，有助于清算过去的创伤，重启属于自己的人生。

信里写了过去的感受、对母亲的感激和对今后生活的展望。知佳本不指望母亲回复。谁知过了一阵子，母亲回了信。上面写着——"对不起，我是一个不成熟的母亲，让你受委屈了。"

知佳其实很幸运，她在校园里遇到了好同学与好老师，在职场遇到了好同事与好上司，在家里也有好丈夫的陪伴。根本没有人知道，在外开朗活泼的她竟在家中遭受过母亲的教育虐待。然而现在回想起来，她确实一直都很介意他人的看法。她从来都没有自信，总是小瞧自己，念叨着："就凭我，怎么可能……"

通过咨询，知佳认可、接受并克服了曾经的自己。她终于能够放下那些在心头压抑多年的东西了。她如此描述那种感觉："世界变简单了，变轻松了。"

直到现在，母亲仍会在与知佳交谈时说些消极的话。换作以往，她定会句句当真，倍感受伤。但现在不会了。她会告诉自己，把负面消极的话脱口而出是母亲的坏毛病，"原来还有人这么想啊"。

哪怕母亲说"这怎么行!"，知佳也会在脑海中把这句话自动翻译成:"哦,妈妈接受不了这样。"见知佳坦坦荡荡,母亲也就不再多嘴了。

不过,知佳还不敢彻底放心。因为她还有个弟弟。

弟弟比知佳小四岁。他没有像知佳那样受尽折磨,但母亲在他学习方面还是盯得很紧的。知佳告诉我:"还好有弟弟在,多少能分担一些母亲的期望。"

据说弟弟比知佳还要出色,是"全家人的希望"。他考上了公务员,至今与父母同住。但每次交女朋友,母亲都会想方设法阻止他出门约会。

知佳已经放下了母亲。但她担心自己放下的那一部分重担会转嫁到弟弟身上。只是她还没跟弟弟提过这件事。

这都是为了你好啊

武井恭辅在一家广告公司工作。"我也是从父母亲戚那里听来的,也不知道事情到底是不是那样……"如此声明后,他向我讲述了表姐小凛的故事。小凛在15年前自寻短见,年仅27岁。

武井小时候经常与小凛和她的弟弟小弘一起玩。在他看来,小凛和小弘是一对成绩很好的姐弟。但她父母好像对他们盯得很紧。

不过有一件事令他颇感困扰：孩子们不过是小打小闹几下，小凛的母亲多惠子便会劈头盖脸地责骂姐弟俩。要是孩子不听话，她就会当场爆发，变得歇斯底里。

在一众亲戚里，多惠子显然是最难相处的人。据说小凛的父亲当初带多惠子见家长时，所有亲戚一致反对这桩婚事。因为多惠子坚信"自己永远是对的，错的永远是别人和社会"。

由于工作方面的原因，小凛一家不得不频频搬家。无论走到哪里，多惠子都会惹出一堆麻烦。问题显然出在她的性格上。

多惠子必须时刻掌握孩子们身在何处，在做什么，否则就浑身不痛快。小凛从来没有自己做决定的机会，因为所有决定都是多惠子替她做的。稍有些不如意，多惠子就会歇斯底里。而且她很喜欢翻旧账，喋喋不休地念叨小凛没有考上她心仪的大学。

多惠子最爱说的一句话是"这都是为了你好啊"。事实上，她也并不是不爱女儿。她会亲手给女儿织毛衣，悉心辅导孩子学习，反而给旁人留下了"太讲究"的印象。

小凛的父亲是那种从逻辑角度看待一切的人，习惯用"有没有用""有没有意义"来判断事物，有工作狂的倾向。武井表示，"他大概是把教育孩子的事情都扔给了孩子的妈妈，就这么把多惠子阿姨变成了独裁者"。

但父亲并非对事态一无所知。某日下班回家后，他发现小凛的手臂被烫伤了一块。细细一问，才知道是多惠子往女儿手上滴蜡烛油，以示"惩戒"。饶是平时不太插手这些事的父亲也对多惠子发了火。据说是他亲口把这件事告诉了亲戚们，想必他也很苦恼。

奶奶是小凛唯一的避风港。当她遭到母亲的辱骂与体罚时，是奶奶温柔地拥她入怀，想方设法护着她。小凛升上高中时，奶奶告诉她："你已经长大了，可以把你觉得对的话说出来了。父母也不总是对的。"

后来，小凛报考了公立大学的心理学系。也许她是想用心理学驱赶心中的阴霾，拯救自己。

踏上社会后患上抑郁症

找到工作后，小凛搬出了父母家。可惜她没能融入职场，没过多久就患上了抑郁症。在过度的压抑中长大的人（不仅限于教育虐待的受害者）往往具有依赖倾向，难以与他人保持适当的距离。也许小凛也属于这种情况。

女儿患有抑郁症，多惠子却一味地训斥激励。这是和抑郁症患者打交道的时候最忌讳的做法之一。

武井不清楚小凛具体做什么工作，只听说是理科方面的。她不光成绩好，画技和文笔都十分了得。

"也许她原来想往艺术方面发展，却被母亲逼着选了那份工作，所以处处碰壁，又不擅长处理人际关系，于是就发病了。"

小凛悄无声息地搬回了父母家，也不知道是不是因为生病。她肯定很想远离父母，奈何无力独自维持生活，除了回到父母身边别无选择。

"早知道她要搬回父母家，我们肯定会尽一切努力阻拦的。我们这些亲戚应该团结起来收留她的。我是越想越懊恼……"

奶奶在一个冬日永远闭上了眼睛。于是，小凛失去了唯一的精神支柱。半年后，她便走上了绝路。

"我怎么就没早点察觉到不对劲呢……"

武井的声音里写满了悔恨。直到现在，他仍内疚不已。

他参加了小凛的葬礼。小凛的母亲对宾客翻来覆去地解释，将女儿的死归咎于公司和社会。无论她是一个多么糟糕的母亲，白发人送黑发人终究教人心碎。可即便如此，了解内情的宾客还是面露苦色，尴尬不已。就在这时，小凛的弟弟小弘站起身来，瞪着母亲厉声吼道：

"你真以为姐姐是因为这些寻死的吗?!"

武井告诉我,那可能是小弘这辈子第一次公开顶撞母亲。

小弘是个聪明的孩子,却总是畏畏缩缩、扭扭捏捏。他是典型的"豆芽菜",缺乏活力。长大成人后,母亲也总是守在他身边。和亲戚聚餐时,从哪道菜开始吃都是母亲说了算,大家也只能默默看着。

他在这种状态下踏上社会,自然不会有出色的表现。他也没有交过女朋友。在姐姐去世之前,小弘过着与尼特族①无异的生活。这样的小弘竟鼓起勇气,责备了他的母亲。

从那时起,小弘就和家里断绝了联系。武井也不知道他现在身在何处,做些什么。听说他靠打短工维持生计,过着在全国各地居无定所的日子。我们也许可以说,他正走在一条重拾自我的漫漫长路上。也许只有这样,才不至于让姐姐白死,才能活出他自己的人生。

母亲也曾是受害者?!

而多惠子竟在小凛死后也患上了抑郁症,再无力抛头露面。

---

① NEET(Not currently engaged in Employment, Education or Training)指不升学、不就业、不进修或参加就业辅导,终日无所事事的人,俗称"家里蹲"。

她已经十多年没有参加过家庭聚会了。打着"为你好"的旗号付出的一切都已化作灰烬，从指缝中溜走。可事情并没有那么简单，无法用一句"自作自受"来总结。

小凛的死并不是她自己造成的。同理，多惠子的性格也不全是她自己塑造的。她十有八九也曾是受害者。

多惠子是一家染坊的长女，但父亲在她很小的时候就去世了。由于没有亲戚帮衬，多惠子的母亲不得不独自抚养三个女儿。

谁知，她迷上了当时流行的"宗教"。把年幼的妹妹们扔给多惠子照看，自己一个星期不回家也是常有的事。放在今天，这样的行为绝对会被认定为"疏于照顾"（neglect）。

那时的多惠子明明还是个孩子，却不得不承担起母亲的职责。她就像一个被酗酒的母亲养大的孩子。任性、撒娇等孩童的本能遭到了严重压抑。从自己的"被需要"发展出一种得到回报和满足的感觉，以致双方都变得更加依赖这种不健康的"需要和满足"的关系。在心理学领域，这种现象被称为"共同依赖"（Codependency）。

在这种环境下长大的孩子被称为"成年孩子"（Adult Children）。他们是旁人口中的"乖孩子"，内心却总是怀揣着某种难以名状的"苦楚"。多惠子是"成年孩子"的可能性极高。

"成年孩子"看似成熟而坚强,内心却无比脆弱。因为他们没能在成长过程中形成自己的主心骨,所以总想依赖外物,好比酒精与赌博。有了孩子以后,他们往往会转而依赖孩子。这便造就了新一代的"成年孩子"。

"孩子还不成熟,没有判断力,所以应该让父母拿主意""为了孩子的未来,现在逼一逼是必要的,哪怕吃点苦也得逼""我是为了你才狠下心来……"父母会产生这样的想法,正是因为他们深爱着孩子。然而,他们的做法在孩子心中留下了几十年也无法消弭的伤痕。于是,"为你好"仿佛一句诅咒,笼罩了子女的人生。

| 第 2 章 |

考上第一志愿也无法愈合的伤口

儿子养成了吃发根的习惯

寺田智也从本地公立重点高中考入日本国立大学，毕业后入职一家名企，以火箭冲天之势晋升，年纪轻轻就成了公司内外最受瞩目的明日之星。

他希望儿子也能跟自己一样"功成名就"，哪怕不完全复刻他的成功之路也无妨。尽管工作非常忙碌，他还是会时不时抽空辅导儿子准备小升初择校考试。

说辅导也许并不贴切——智也是帮儿子明确了长期、中期和短期目标，然后逐一拆解，制订详细计划，确认实施情况，并指出需要改进的地方，周而复始。这就是商界常说的"PDCA 循环"。由于平时没有太多时间面对面交谈，智也还让儿子写日志给自己看。他把在公司培养下属的方法用在了儿子身上，有信心帮孩子突破大考。

然而，孩子不会按大人的想法学习。智也想方设法激励儿子，又是在日志上贴贴纸，又是拿孩子最爱的足球打比方，奈何收效甚微，成绩也没有起色。

孩子升上六年级后的某一天，智也回家后发现，儿子没有按计划完成学习任务。审讯就此开始。

"为什么不做？"

但儿子一开口解释，他又厉声打断："不要找借口！"毕竟对面的是"自家人"，他的口气比训下属时更为严厉。

"现在就做！"

智也逼着儿子学习到半夜……

每周一次，每周两次……这种情况出现的频率越来越高。不用功的日子越多，以后要完成的任务量就越大。学习计划变得越来越不切实际了。

作业堆积如山，怎么赶都做不完。儿子的积极性直线下降。智也知道情况陷入了恶性循环，可就是停不下来。一看到儿子没出息的样子，他便会怒吼道："你要闹到什么时候！"甚至动手打人。要是用这样的态度对待下属，那就是妥妥的职权骚扰。

暑假期间，智也加倍努力辅导，一心想让儿子迎头赶上。谁知他越用心，儿子的成绩就越差。

"现在回想起来，那时我工作压力很大，失去了从容的心态。但我没有意识到这一点，只盯着孩子没做好的地方看，却没有好好观察孩子……"

那时的智也已彻底陷入了"小升初择校考试"所带来的过度焦

虑。自己越来越不对劲了，也越来越看不清孩子原原本本的模样了……

到了秋天，儿子的身体出了问题——整个头顶的头发都变少了。智也在网上搜到了一个术语——"拔毛症"（Trichotillomania）。仔细观察后，他发现儿子频频拔下自己的头发，吃掉发根，根本停不下来。他惊慌失措，连忙找专业医生咨询。

直到此刻，智也才如梦初醒。他一改往日的强硬态度，问儿子：

"要不别考了？"

"考。"

但智也决定报考难度稍低一些的学校，不再根据 PDCA 理论管理儿子的学习和日程。

他永远都不会忘记儿子顺利考上第一志愿后说的第一句话。

"呼，放心了……"

一旦搭上小升初择校考试的列车，就很难再停下脚步细细思考了。哪个级别的学校是可以接受的？是让孩子在力所能及的范围内努力，还是狠狠鞭策，让他更上一层楼？要不要把中途放弃纳入选项？……如果不在一开始就明确全家的应考方针，就很容易在事态失控时陷入恐慌。

"我之所以让儿子参加择校考试，也许是因为我曾在中考和高考中取得一定的成功，所以我认为儿子应该也能做到，哪怕考不上三大名校，也希望他能去一所名牌学校。可现在回想起来，我压根没弄明白小升初择校考试是怎么回事。"

智也原以为考试结束后，儿子的拔毛症就会好转。可眼看着儿子都上大学了，头发却还没有长回来。

"小升初择校考试不单单是'有没有考上'的问题""小升初考试并不是到大考那天为止，不是光考上就万事大吉了"……他早已听出老茧，还以为那些只是冠冕堂皇的漂亮话。谁知在儿子的考试结束多年之后，他才渐渐品出其中的滋味。

这场考试让智也深刻认识到自己有多么不成熟，视野有多狭窄。于是他决定做些更体贴他人的工作，辞职投身社会福利行业。儿子的入学考试，就这样改写了父亲的人生轨迹。

在中考和高考中体验过成功的家长要是把自己的经验原样套用在孩子身上，就很容易把孩子压垮。15 岁或 18 岁的孩子已经具备了一定的承受能力，哪怕父母说得比较难听，他们也能嘟囔一句"真啰唆"，左耳进右耳出。可 12 岁的孩子会用他们幼小的身心百分百接下父母的说辞，弄得自己遍体鳞伤。

小升初择校考试之难，在于"12 岁"这一微妙的年龄。这个年龄段的孩子可以百分百理解成年人说的话，所以家长会下意识地把他们当"大人"，跟他们摆事实讲道理，用严厉的措辞百般激励，殊不知眼前的孩子在心理层面仍然无比稚嫩，容易受伤。

因做不完补习班的作业离家出走

不惑之年的山崎晴男在某大型房地产公司做销售，工作表现十分出色。但他其实只有初中文凭。他小时候考上了一所著名完中学校，但在高中阶段辍学了。因为热衷教育的家长给了他太大的压力。

晴男遥想过去时，浮现在眼前的总是同一幕情景。全家一起出门度暑假，儿时的母亲是那样温柔。闷热的夜晚，难以入睡，母亲会一遍遍帮晴男擦汗，用团扇给他扇风，而他会一直装睡，不舍得醒来……

那时，母亲会反复告诉孩子们，"爸爸是个了不起的人"。她自己也发自内心地尊敬丈夫。父亲说的每一句话确实很有分量，而且他总是那么冷静，那么正确。只是他也非常自负，时常说出歧视低学历人群的话。

晴男是个早熟的孩子，很早就脱下了尿布。他也很懂事，愿意把玩具让给同龄的孩子。"不能辜负母亲的期望"——他很小便生出了这样的念头。

外公去世时,母亲和姐妹们爆发了严重的争执。办七七法事时,晴男坐在了母亲跟前,时刻保护母亲。"晴男是个善良的孩子……"哪怕晴男早已长大成人,母亲依然记得这件事。事后,她感慨万千地回忆道:

"我与姐妹逐渐疏远,家人成了我唯一的精神支柱。"

然而,晴男的父亲却在那段时间被派去了国外。

"老公不在家,我一定要把孩子们培养成才!"

正是这份使命感改变了母亲。

晴男刚懂事的时候就被母亲送去了"幼升小"补习班。"我想给孩子的不是钱,而是开拓未来的能力"——这是母亲的口头禅。

这种观念本身并无不妥。只是母亲的期望变得过于具体了。她的脑海中已然形成了一条专为孩子设计的明确轨道。孩子们还很小的时候,她就反复强调,长子晴男一定要当医生,小他三岁的次子一定要当律师。

晴男报考了某国立大学的附属小学,但在最后的抽签环节落选了。他还记得自己当时非常遗憾。但他记得更清楚的是,母亲哭着紧紧抱住他,说:"六年后我们考个更好的。"他顿时觉得手足无措:"还没完啊……"

他上了一所普通的公立小学。低年级阶段没有上补习班,以课外兴趣班为主，同时学习绘画、书法、游泳、网球和篮球。放学后的时间都被兴趣班填满了，因为母亲认为"光会学习还不行"。

这个观点本身并没有错，只是对晴男而言，负担实在太重了。他开始频频逃课。纸里包不住火，每次逃课被抓，母亲都会大发雷霆。"想要瞒住家长的孩子"和"想要加强监控的家长"打起了拉锯战。亲子关系就此恶化。

在家的时候，母亲会一直陪在他身边，辅导他做功课。她使用的习题册和参考书比学校的进度快很多。一旦犯错，母亲就会动手。到了三年级，晴男就开始上针对小升初择校考试的补习班了。学习的时候还是有母亲盯着，一犯错就挨打。直到现在，晴男的手背上还留有一道疤痕，那是母亲一怒之下用铅笔扎出来的。

有一次，母亲的朋友来家里做客，她的女儿和晴男同龄。两位热衷教育的妈妈交流起了复习迎考的经验，激烈的讨论一直持续到半夜两点多。在此期间，母亲要求晴男在一旁做补习班的作业，还在他的头上缠了冰袋，防止他犯困。这让他恨极了那位来做客的妈妈。

也是从这个时候开始，父亲对母亲的教育方针提出了异议。父母的关系其实很好，可就是在孩子的教育问题上频频产生分歧。

　　对晴男而言,学习不过是无尽的痛苦。"这样的生活要持续到什么时候?"他只觉得眼前一片漆黑。还记得上四年级的时候,他求母亲别让自己参加择校考试,母亲却一口驳回,说:"现在当逃兵就成丧家犬了。"他意识到,自己已经下不了母亲驾驶的那艘船了。

　　没过多久,晴男就撑不住了。该去补习班了,作业却没做完,逃学是唯一的办法。他谎称去补习班,离开位于东京市中心的家,坐电车去了山梨县的甲府,在野外过了一夜。但第二天回家后,父母却因他平安无事欣喜若狂,一反常态地没有大加责骂。

　　学习强度随年级不断增长。母亲每天都开车来补习班接他放学。车上放着他的晚餐,必须在到家前吃完。一到家就得立刻投入学习。晴男还是个小学生,却也知道这种状态是极不正常的。

　　终于,晴男考上了第一志愿,那是一所名牌完中。见母亲喜极而泣,晴男由衷地高兴。无论受到多么不公正的对待,孩子终究是想取悦父母的。他松了一口气,以为总算能休息一阵子了。

用辍学逃避父母的过度干预

谁知好景不长——初一那年四月①，晴男就被送进了一家名牌完中学生云集的补习班。他问母亲："大考都结束了，为什么还要去补习班啊？"母亲回答道："瞧你说的，离结束还早呢。"这个观点本身也没错，可晴男总觉得哪里不对。

母亲盼着孩子天天向上，晴男的积极性却在不断下降，甚至开始跟家里唱反调了。叛逆期的孩子向来如此。见他的成绩明显下滑，母亲甚至请了家教。

在客厅里和家教一起学习时，晴男忽然听见正在辅导弟弟准备小升初考试的母亲说道："再这么下去就要变成你哥那样了！"刺耳的言语仿佛一把尖刀，深深刺入晴男的胸膛。

在初三的第二学期，母亲勒令他退出社团。原因是"社团活动影响你学习了，这是本末倒置"。晴男无力反抗。找顾问老师申请退团的时候，他也不敢如实交代原因，只能谎称自己受了伤，医生不准他再练了。

从那时起，晴男就走上了歪路。从小到大，学习占据了生活

---

① 日本的学年从四月开始。

的全部，使他早已对学习产生了强烈的厌恶。而唯一热衷的社团活动也被剥夺了。在如此艰难的处境下，不自暴自弃才怪了。

他开始对母亲破口大骂，毫不留情。饶是母亲也不由得在听到怒骂的那一刻哑火，却总能迅速"复活"。他用利刃般的话语发动一轮轮攻击，母亲却像僵尸一样，一次又一次向他扑来。

晴男已然被母亲那异常强烈的执着吓到了。因过度恐惧，他甚至试图虐待自己的身体来吓唬母亲。即便如此，母亲的态度还是没有丝毫改变。

"要是留在她身边，我这辈子都完了……"

于是他瞒着父母做兼职，攒够了钱就离家出走。而拿到家里给的补习班学费，他更是立刻用这笔钱逃之夭夭。他总是趁着学校放长假的时候出走。每次离家，都至少要在外浪迹一个多星期，直到手头的钱用完。出走的距离逐次递增。第一次去了甲府，然后是新潟、青森和北海道……他甚至学会了如何靠逃票而"远走高飞"。

高一第一学期快结束时，晴男在教室里偷东西，被老师抓到了。年级主任逼他供出同伙，他却没有泄密的打算。

不想待在家里，社团活动也不让参加，在学校里也没有容身之地了。他真想"重置"身边的一切。

"审讯"期间，晴男提出了上厕所的要求。老师便在厕所门口守着。没想到，他竟翻过二楼的厕所窗户，扒着外墙的管道逃了出去。

他扔掉了所有能查明身份的东西，除了一身衣服，什么都没带。他从上野坐夜车去了札幌。这一次可不是寻常的"离家出走"。他决定退学，与父母断绝关系，放弃原来的人生，在一个举目无亲的世界独自活下去。

"得先找份工作……"

晴男在车站的候车室翻看招聘杂志的时候，中介主动搭话，表示可以介绍他去工地干活，包食宿。于是，15 岁的晴男谎称自己 19 岁，在工地干起了活。一日三餐全包，晚上也有地方睡，可谓欲渡船来，正中下怀。

"在北海道的那段日子，我隐姓埋名，表现得活泼开朗，迅速融入了一群陌生人。这种体验让我觉得十分有趣。'能够自食其力'的感觉也令我自豪不已。但我也有些担心，不知道这种状态可以持续多久。"

自不用说，东京的家人报了警。父母和老师都在拼命找他。

一个多月后，工头带晴男出去喝酒。他倒是很担心晴男，问："你就一个人啊？"晴男回答"嗯"。听到这话，工头很是体贴地说："那得赶紧找个媳妇呀。"晴男顿时回过神来："不能再这样下去了。"

他立即回到东京,却没有回家,而是在熟人家躲了一个多月,到第二学期开学的时候才回了家。

重新回到学校后,没想到等待着他的是"审讯"的下半场。"跟你一起偷东西的是谁?不招就说明你没在反省,我们是不会让你回来的。"老师如此威胁道。"那我就退学"——晴男撂下这句话,扬长而去。

听说晴男要退学,父亲只问了一句:"现在退学,以后的路会非常难走。你有这个思想准备吗?"晴男也很焦虑,却说"我心里有数"。

退学后,他找了一家针对"大学入学资格考试"的补习班,同时在加油站和咖啡店做兼职。

"我当时的心境非常复杂,三言两语说不清楚。我怕自己就这样偏离了正道。说实话,那个补习班给我的第一印象是'我来了个不得了的地方'。但我都退学了,继续和高中同学来往也是一种折磨。那段时间,我经常把自己'代入'黑塞的小说《在轮下》的主人公汉斯。"

补习期间,晴男和班里认识的女同学确定了恋爱关系。谁知母亲一听说这件事,便想方设法调查女生的背景。"事情都发展到这个地步了,你们还要指手画脚吗?!"晴男万念俱灰,终于下定决心彻底离开这个家。

父亲的一封信化解了儿子的危机

晴男决定申请报社的奖学金，做包吃住的送报员。

每天半夜起床，天不亮便外出送报。他深感自己处于社会"底层"，都懒得约朋友见面了。有一次他漏送了报纸，被小学生一通教训，难过得当街落泪。其他送报员感同身受，一起为他打抱不平。

晴男咬牙干满一年，拿到了奖学金，用这笔钱支付了租房的押金和礼金。虽然租下了一间小公寓，但他意识到"已经没法指望父母付大学学费了"，便死了上大学的心。

怎么样才能生活下去？晴男绞尽脑汁，最后在一家派遣公司注册了。当时他的同学们还在读高三，正在全力备战高考。

他也知道自己的选择面非常狭窄，必须赢得周围人的信任，从中抓住机会。他反复告诉自己："别再追赶昔日朋友的背影了，别再追寻功成名就的虚影了。"

先是去酒店，再是去医院的资材仓库。晴男拼命工作。大约两年后，医院决定将仓库业务外包给一家公司。负责人向他伸出橄榄枝，问他愿不愿意趁此机会入职那家公司。

晴男欣然答应，成了"准社员"。又过了两年，公司问他愿不愿意转正。这可是求之不得的好机会。当时晴男已经27岁了。

要转正就必须提交简历。晴男一时鬼迷心窍，写了"毕业于××高中"。人事负责人要求他提交相关证书时，他一筹莫展。眼看着好不容易抓住的转正机会悄悄溜走……他不禁咒骂自己的浅薄。

晴男只得找父亲商量。万万没想到，平时只会说"你自己想办法"的父亲竟然给公司的人事负责人写了一封信。

"这么多年过去了，可我每次回想起那个时候，都无法控制住自己的情绪……"

晴男沉默片刻，平复涌上心头的思绪。他给我们看了那封信——

衷心感谢贵司给犬子面试的机会。

伪造简历确实有违社会道德，但请允许我从一个家长的角度稍做解释。

晴男在高一时主动辍学。虽然通过了大学入学资格考试，但最终没有选择上大学。

他历经坎坷成为贵司的准社员，对这份工作投入了十二分的热情，还自费购买笔记本电脑练习操作。

这些年来，我一直希望晴男以坚韧的心智克服逆境，却也一直在迫使他做出艰难的抉择。

再次感谢贵司提供的宝贵机会。

恳请贵司接受我这个愚昧家长的请求，对晴男从宽处理。

晴男对公司的执行董事老实交代了自己的所作所为，诚心道歉，并把父亲的信交给了他。董事看完信后，用写满决意的眼神看着晴男，如此说道："好，我帮你想想办法。"多亏他说服了人事部门，晴男顺利转正。

后来，董事约晴男出去喝两杯。在酒桌上，他说道："这就是爱啊。你不必隐瞒学历的事情，但也不必特意说出来。我很看好你，好好干吧。"

"我感觉自己走了一段弯路，到了27岁才重新站上起跑线。我决心赢得大家的认可，全力以赴投入工作。"

转正后，晴男立刻崭露头角，四年后便升任科长，是同期入职的人里升职最快的。就在这时，那位董事找到他说：

"你已经很努力了，不需要再依赖这个了。我把它还给你。从现在起，你完全可以靠自己的实力说话。"

董事递来的正是父亲的那封信。

"我这辈子从没那样感动过。"

后来，晴男一直在那家公司工作，直到有恩于他的董事退休，才在40岁时跳槽到现在这家公司。

弟弟因畏惧母亲而发病

那么晴男的出走对母亲造成了怎样的影响呢？让我们把时针稍稍往回拨一些。

晴男上初中时，母亲正在拼命辅导他的弟弟准备小升初考试。她像对待晴男那样严厉辅导，吓得弟弟浑身僵直，进了医院。从那时起，她就不再对小儿子采取高压政策了。不过弟弟的成绩比哥哥还好，考进了另一所名牌完中。就在那时，晴男逃去了北海道。

还记得弟弟当时对晴男说过这么一句话："你就像断了线的风筝，可以随心所欲，我可真羡慕你……"母亲的期望都集中在了弟弟身上，压得他喘不过气。然而，他没有足够的力量像哥哥那样反抗父母。

高考时，弟弟没能考上东京大学。他本想去私立大学，父母却逼他复读一年，重考东大。在激烈的争吵中，弟弟抡起了菜刀。非得他做到这个地步，父母才能想明白一条简单到极点的道理："儿子的人生是属于他自己的。"

当时晴男刚好在家。他安抚弟弟，好说歹说让他放下菜刀，以兄长的身份接纳他的悲痛和沮丧。没人比晴男更理解弟弟的感受了。

晴男 25 岁的时候曾和当时的女友发展到谈婚论嫁的地步。虽然婚事不幸告吹，但晴男好不容易得到了与母亲促膝长谈的机会。母亲说的话令他颇感意外。

"我不是个好妈妈，不过看到你踏踏实实工作，一个人过得很好，我就没什么可担心的了。"

她还提到了父亲。

"你爸爸跟我说，养孩子是他人生中遭遇的第一次挫折。"

事到如今再说这些又有何用。但一直记恨父母，只会让自己活在痛苦之中。原谅母亲，从头来过吧——为了让自己向前看，晴男做出了这样的决定。

"我觉得母亲的用意是好的，但她错在认定'不理解自己的一片苦心就是大逆不道''我明明是全心全意为你着想''我做什么都是为了你好'——这种想法太自以为是了。而我当年也许也不应该一味逃避，而是应该正面跟她'对决'的。如果我当时那样做，可能就会是不同的结局了。"

如今，晴男也有了两个孩子，逢年过节会带着孩子们回老家探望爷爷奶奶，度过一段愉快的时光。母亲对孙辈有求必应，父亲的脾气也比当年温和了不少。

"我之所以能走出一团糟的生活，设法回到正轨，恐怕是因为父母本身的关系还不错。"

晴男总结了自身的经验，在子女教育方面格外小心。

"我反复告诫自己，不能因为'不想让孩子受跟自己一样的委屈'就走另一个极端。我平时尽量不说'你必须怎么怎么样'，但孩子要是犯了错，我还是会狠狠训上一句的（笑）。孩子跟我长得很像，就跟我的分身一样。看到他们天真无邪地玩耍，我还是很欣慰的。"

| 第 3 章 |

进食障碍与顺手牵羊——孩子发出的求救信号

家庭教师的辱骂

美千代上初中的时候，家里为她请了家教，辅导她备战中考。这位家教是她姐姐的男朋友阿彻，比她大5岁。阿彻是游泳队的运动健将，俊朗帅气，是标准的阳光青年。

然而，阿彻辅导功课的时候非常严厉。美千代一犯错，他就会大吼："为什么这么简单的题都不会做！"不会做就是不会做，不懂就是不懂，奈何阿彻不明白这个道理。尽管他没对美千代动过手，但拍打桌子的声响、难听的谩骂都深深刺痛了她的心。

美千代一做功课就发怵，因为她害怕自己犯错。恐惧令她无法思考。在思维几乎停滞的状态下做题，犯错便是在所难免。于是她又会挨骂，大脑更是一片空白。边哭边做题，可是死活做不出来……恶性循环就此形成。

其实美千代以前并不讨厌学习，但这位家教的到来把学习生生变成了一桩苦差事。她每次都是一边掉眼泪，一边接受阿彻的辅导。

那时刚好是 20 世纪 80 年代，正是日本户冢游艇学校事件①闹得沸沸扬扬那阵子，年纪大一些的读者应该能回忆起当时的社会形势了。

20 世纪 70 年代的日本学校教育方针基于政府发布的学习指导纲要，以进度快著称，人称"新干线授课"。为了培养能在飞速增长的经济界大展拳脚的实用型人才，学校大搞填鸭式教育，把尽可能多的知识塞进学生的脑袋里，以至于只有 70% 的小学生、50% 的初中生和 30% 的高中生能够跟上授课进度。世人将这种局面揶揄为"七五三教育"②。"后进生"③一词也诞生于这一时期。

当时学校乱作一团，初中的情况尤其糟糕。"校园暴力"渐成社会现象，而受其反作用力的影响，以蛮力压制学生的"管控型教育"大行其道。这便是 1979 年开播的电视剧《3 年 B 组金八老师》④的时代背景。

面对困局，当时的文部省⑤急忙调整了教育大方针。"宽松教育"就此拉开帷幕。1977 年，"宽松"（ゆとり）一词首次出现在学

---

① 20 世纪 80 年代，爱知县美滨町的户冢游艇学校倡导斯巴达式教育，对学生进行严厉的体罚，最后校长和 15 名教练因过失杀人等罪名被警方逮捕。
② "七五三"原指七五三儿童节，每年 11 月 15 日，5 岁的男孩以及 3 岁、7 岁的女孩要穿上和服，跟父母到神社参拜，祈愿身体健康，顺利成长。
③ 日文为"落ちこぼれ"，字面意思是"漏出来的东西"。
④ 东京广播公司（TBS）自 1979 年以来历时 32 年制作的一套校园教育题材电视剧，共制作 8 季正片、12 个特别篇，直至 2011 年才告剧终。每季都反映了当时的教育现实问题，如未婚妈妈、校园暴力、性别认同障碍、青少年吸毒等。
⑤ 相当于中国的教育部。

习指导纲要中。新纲要于 1980 年正式实施。

如今,"宽松世代"一词常被用来指代 1992 年(学习指导纲要明确规定学校一周双休)后入学的年轻人,殊不知如今 40 多岁的人才是真正意义上的"第一批宽松世代"。顺便一提,广大读者记忆犹新的"圆周率按 3 算""不教计算梯形面积的公式"等措施其实是 2002 年版学习指导纲要的手笔。

经过"填鸭式教育""管控型教育"和"户冢游艇学校事件"的洗礼,人们不愿再用纪律束缚学生,或是用体罚管教学生。公众对这种教学方式的监督也变得愈发严厉了。

不过换个角度看,这也说明"以打代教""犯错就得挨打""通过惩罚管理孩子"这样的教育理念曾一度深入人心,被视为理所当然。想当年,"每班 50 个学生"是常有的事。若想以少量教师管理大量学生,最高效的方式莫过于此。

美千代的家教阿彻正是"填鸭式教育"的赢家,又在体育队待过。也许他坚信,户冢游艇学校那样的斯巴达式教育才是最好的教育方法。

再加上学生是"女朋友的妹妹",他自是加倍鞭策自己,"只许成功,不许失败"。可阿彻虽然是大学生,在教学方面终究是个门外汉,所以只能照搬自己的学习经验。

说起这个问题,我其实也是过来人——在学生时代,我也做过兼职家教。如今想来，当年的自己实在是缺乏经验。我百思不得其解：我都把自己当年的学习方法倾囊相授了，为什么学生死活搞不明白？因为我不了解世上还有别的指导方法。

这就是"从未接受过专业训练的外行人做家教"的可怕之处。

美千代明明是因为害怕才无法思考的，她却误以为自己不够聪明。越是用功，成绩就越差。这是一种消极的自我暗示。再怎么努力都学不会，急得泪如泉涌，一旁的阿彻还要落井下石："成天哭哭啼啼，这样你永远都学不会！"

指导美千代做数学题的阿彻格外可怕。致使她至今都对数学抱有畏难情绪，也许种子就是那段时间埋下的。而且直到现在，她仍会在听到男人的怒吼时吓得浑身僵硬。

美千代也知道在这种情况下，学习成绩会全无起色，可阿彻依然坚持自己的指导方法。她真想放声高呼："我受够那样的老师了！"

照理说，如果孩子跟家教合不来，家长完全可以选择换人。只怪阿彻是姐姐的男朋友，没法轻易翻脸。辅导期间，阿彻凶狠得堪比恶魔，但下课后作为"姐姐的男友"待在家里时，他又表现得很正常，全然没有"可怕"的感觉。本质上讲，阿彻这个人还是不坏的。

为了逃避阿彻的辅导，美千代心生一计。她告诉母亲，她不想跟着家教学了，想去补习班——"同学们都是上补习班的，我想跟他们一起。"

谁知美千代的母亲没有跟女儿促膝长谈，却咨询了阿彻。阿彻表示，"我会负责到底的，请让我继续辅导她"。母亲没有把女儿的意愿放在第一位，却更尊重家教的意见。美千代的计划以失败告终。在那一刻，她品尝到了近乎绝望的滋味。

这里不是我选的地方

美千代初三那年的班主任对工作不是很上心，动不动就请假。在商讨志愿填报事宜的三方面谈中，班主任建议她报考一所新办的高中——可她甚至没听说过这所学校。她有心仪的学校，母亲却当场拍板说："就按老师说的办。"美千代的意见又一次遭到了无视。

"无论是阿彻还是班主任，在我妈妈心里都是至高无上的'老师'吧。"

于是，美千代不得不为一所自己并不想去的高中复习备考，不得不忍受高分贝的怒骂，哭个不停。在这样的状态下，她又怎么可能考出真实水平呢。事实上，她的成绩并没有提高多少。

美千代握笔的手常因恐惧而瑟瑟发抖。她不得不时刻带着对犯错的畏惧解题。她历尽煎熬,好不容易考进了那所陌生的高中,却丝毫不觉得高兴。

但旁人都对这个结果满意极了。阿彻得意扬扬地说:"多亏我的严格指导,你才能考上第一志愿。"姐姐为男友骄傲不已,动不动就带他回来。班主任也很高兴,因为学生进了自己推荐的学校。母亲肯定也认为"一切都很顺利"。

中考结束后,美千代终于摆脱了阿彻的斯巴达式辅导。然而,她的苦难还没有到头。

美千代将她的高中时代形容为"冰封的三年"。快乐的回忆寥寥无几。每天机械性地上学,仿佛行尸走肉。

她没有被欺负。老师也没给她小鞋穿。她至今不明白那三年为何过得如此痛苦。总觉得待在学校很不自在。

"这里不是我选的地方"——据我猜测,当时美千代的潜意识里也许有这样的感觉。难道我是为了来这种地方,才让自尊心受尽家教摧残的吗?也许美千代产生了这样的困惑,于是她的心对"待在这所学校"产生了排斥。对她来说,三年的高中生活无异于家教噩梦的延续,每时每刻都让她窒息。

最后,美千代高考名落孙山,一所大学都没考上。在那一刻,美千代不禁在脑海中勾勒起了"十年后的自己"……

想象中的自己住着破旧的两层公寓，露天的楼梯是钢板搭成的。提着超市购物袋，一脸疲惫的自己。每走一步都伴随着沉闷的金属声，咚……咚……咚……孩子们在狭小的房间里吵吵嚷嚷，令她头痛欲裂，她甚至能看到自己尖叫着让孩子们闭嘴的画面。每天疲于奔命的人生近在眼前。

"再这么下去，我这辈子都完了。要努力，就得趁现在！"美千代振奋起来。那是她上初中以后第一次产生"自己开拓人生"的念头。与此同时，她意识到自己还没有全力以赴。她感到自己还有很大的潜力——她重拾了"活力"。

美千代复读了一年，第一次品尝到了"为自己设定的目标而努力"的快乐。复读班的老师们风趣幽默，让她第一次产生了"学习很有意思"的念头，爱上了英语。

一年后，她成功考上了心仪的短期大学[①]。大学校园的生活很愉快，找工作也很顺利。美千代就这样靠双手夺回了属于自己的人生。

[①] 日本的短期大学最早出现于1950年，是一种学制为2到3年的高等教育机构。主要宗旨是对完成中等教育的人进行专门的职业技术教育，使他们具备就业和实际生活所必需的能力。类似于中国的大专。

没经历过叛逆期，却出现进食障碍

话说回来，当初是谁夺走了美千代的人生呢？大家最先想到的肯定是她的家教阿彻。他的指导方式过于极端，摧毁了美千代的自尊心。我们完全可以说，这是一场由家教主导的教育虐待。

问题是，如果罪魁祸首真是阿彻，照理说美千代应该会在他的恐怖统治结束后感到解脱。事实上，美千代告诉我，当阿彻作为"姐姐的男朋友"而非"家教"跟她打交道时，她并不觉得害怕。

然而在中考之后，美千代反而过得更憋屈了。在告别阿彻严厉辅导的三年里，美千代竟觉得自己仿佛置身于"冰封的世界"。

究竟是什么让美千代的高中生活暗无天日？我对此颇感好奇。

哪怕在聊起痛苦的过往时，美千代脸上仍带着微笑。但说起自己在高考失败后重整旗鼓，找回"活出自己的感觉"时，泪水便忍不住夺眶而出。

从寒冷的地方突然走到温暖的地方，人会在一瞬间起鸡皮疙瘩——想必大家都有过这样的经历。据我猜测，美千代重拾"活力"的时候，说不定也有类似的感觉。三十多年过去了，那种坚冰消融的感觉却依然清晰，依然烙印在美千代的细胞中。

我小心翼翼问道：

"上高中的时候，你有没有出现过类似于进食障碍的症状？"

美千代面露惊色。

"被你这么一问我才想起来，确实有过。"

进食障碍（比如贪食症与厌食症）多发于青春期女孩，大多与心理失调挂钩，而病因往往出在母女关系上。这就是所谓的"母女关系危机"。

至高无上、不容置疑的母亲成了女儿难以承受之重，于是她们只能通过贪食或厌食来发泄。进食障碍其实是孩子们下意识发出的求救信号。

美千代上高中时经常一口气吃下一整条吐司面包，然后再吐出来，还养成了嚼冰块吃的习惯。每天买一袋红姜腌菜，特地拿去浴室吃。要的就是浴室的那种"气味"。伴着潮湿的霉味吃下一袋红姜，她的心就能重归平静。

这一切，美千代都不记得了。我们也可以说，她是下意识埋葬了过往。想起那被遗忘的求救信号后，她继续说道：

"现在回想起来，我好像没有经历过所谓的叛逆期。妈妈说的都是对的，不容置疑。"

美千代的母亲并不是那种过度干涉的家长。但她似乎没有好好听女儿说话，也不理解她的感受。

美千代提出"不跟家教学，想上补习班"的时候，母亲也是照阿彻的意见办的，没有尊重女儿的意见。填报中考志愿的时候，母亲则听取了班主任的意见，置女儿的意愿于不顾。

一问才知道，类似的情况不胜枚举。哪怕只是"买一双穿去学校的袜子"，母亲也会坚持自己的想法，不愿了解女儿的意愿。美千代一直觉得自己没有得到尊重。

母亲主观上并没有摆布女儿的想法，却下意识地用自己的信念去控制女儿。她不明白自己和女儿是两个不同的人格，各有各的价值观。

美千代就这样被囚禁在了母亲下意识创造出来的价值观牢笼中。在我看来，被她形容为"冰封的世界"的闭塞感正来源于此。

每个人都会在成长的过程中遭遇父母下意识构建的价值观牢笼的束缚，但大多数人会借助青春期的叛逆打破这个牢笼。这也是成长为"精神独立的人"的必要环节。美千代却没有这种经历，所以她迟迟没有"我在为自己而活"的感觉。

美千代的例子也能被归入"教育虐待"的范畴，干涉过度的母子关系以牵扯到家教的形式表现了出来。

为女儿学习育儿方法，得到救赎

美千代也有了女儿，已经上小学了。

女儿参加幼升小择校考试的时候，美千代感到自己陷入了一种"不知所措"的状态——见女儿的成绩没有起色，她竟产生了一种破口大骂的冲动。

美千代连忙劝诫自己：不可以！她在心中勾勒出女儿和自己的未来。等女儿上了初中、高中，她还愿意找自己谈心吗？如果现在对女儿大吼大叫，百般辱骂，这样的未来就成了奢望……于是美千代毅然决定，报一个面向母亲的教练技术（Coaching）辅导班。

听讲期间，美千代收获了无数启示。她的初衷是为了孩子学习教练技术，没想到课堂上的内容大大震撼了自己看待事物的角度、表达方式和价值观。通过学习，她可以客观审视自己和过往的人生了。所以她才能在这次访谈中如实讲述过去的种种。

课程结束后，美千代意识到——"归根结底还是得靠我自己"。自那时起，她便坚信初中、高中阶段的痛苦记忆，也会化作她人生的精神食粮。

女儿通过努力考上了一所私立小学。小学老师告诉她,"学校就是给学生犯错的地方。放心大胆地犯错吧"。美千代也给女儿请了家教。"只接受女老师"是她开出的条件。最后选定的家教温柔体贴,女儿也很喜欢她。美千代时常暗自感叹,"要是当年也有老师这么辅导我就好了"。

阿彻和美千代的姐姐走到了最后,成了她的姐夫。两家人不会经常见面,但这种亲戚关系将持续终身。

我又想起了一件事,便开口问道:

"你姐姐他们有孩子吗?"

美千代说,他们有一个儿子。不出所料,那个孩子从小就是阿彻一对一辅导的。据说他的辅导还是那么严厉,椅子被掀飞都是常有的事。

对阿彻而言,"帮助美千代考上第一志愿"已成刻骨铭心的成功体验,所以他坚信自己的方法就是最好的。这次的辅导对象又是自己的儿子,他肯定会加倍用心。

从某种意义上讲,阿彻确实没错。他的儿子考上了一所备受追捧的名牌初中,后来又过关斩将,考上了名牌大学的医学院,现在已经成了一名医生。无论从哪个角度看,这都是一个人人艳羡的"成功"故事。阿彻肯定有一套明确的教育理论,完全可以出一本题为《模范爸爸教你培养聪明孩子》的书。但他的理论至少不是万能的，美千代便是最好的证据。

自不用说，美千代本人也完全不想用这种方式培养女儿。因为她觉得，"幸福快乐、活出自己"和"在考试中取得成功"根本不在同一个维度。

梦见用百科全书殴打父亲

函授教育巨头"Z会"开办的补习学校"Z会升学教室"的负责人长野正毅老师在2015年1月出版了一本书，题为《鼓励的力量》。作为补习班老师，他接触过许多孩子和他们的父母，所以他希望通过这本书为奋斗在养育子女的第一线，尤其是想要提高孩子学习成绩的父母加油鼓劲。长野老师在书中讲述了这样一段往事：

> 这是一段我不太想提起的往事——其实我小时候经常遭到体罚。毕竟那是一个体罚成风的时代，而且父母对我的期望很高。如果我的表现不够好，他们就会厉声责骂。
>
> 比如，只是因为一次考试成绩不理想，他们就骂我

是"废物"。有时候他们甚至罚我直接睡在地板上,不准睡被褥。而那时我不过才上小学。

长野老师回忆道,当时他已经被逼到了危险的边缘。他甚至梦到过用百科全书殴打父亲的场面。

此类事件确实时有发生。过度的教育指导不仅有可能摧毁一个孩子,还伴随着将他推上犯罪道路的风险。许多惨案的加害者仅仅是因为成绩不好就受尽了大人的辱骂与嘲笑。设身处地想一想,就知道他们本不该为此负全责。

"我父亲素来脾气暴躁。稍微碰到一点不如意就会大发雷霆。"

长野老师的父亲是退伍军人。快 30 岁的时候才考上大学,吃过不少苦。也许正因为如此,他才强烈希望儿子考上一所好大学。

长野不小心做错一道题,父亲就会当场抡起拳头。因"学习态度不好"挨打也是家常便饭。家里还从小就逼他学弹钢琴,弹错一个音也要挨打。父亲甚至逼他在关了灯的房间里弹琴,弹错了也是一通毒打,毫无道理可讲。

开始备战小升初择校考试后,父亲的指导变本加厉。父亲的书架上放着关于斯巴达式教育的书籍,都是当时最流行的。直觉告诉长野,"再这么下去可不行"。

升上初中之后,体罚依然没有停止。但当时的长野确信父亲的方法是错的,下定决心不再按父亲说的做。自那时起,他不再和父亲说话。于是父亲也就不再多管了。

顺手牵羊、小偷小摸和恶作剧电话都是求救信号

听到这里,我战战兢兢地问道:

"在您遭受体罚和辱骂的那段时间,压力有没有以某种形式表现出来?"

思索片刻后,长野老师回答道:

"有。我在商店里偷过东西,也偷过别人的东西,还打过骚扰电话。"

女生往往会以进食障碍的形式释放求救信号,美千代的经历便是典型。而男生的求救信号大多表现为对父母和老师的过度反叛、所谓的"反社会问题行为"或拒绝上学、闭门不出。当年的长野老师也在拼命向周围求救。

是个初中生都知道顺手牵羊是犯罪行为,当时的长野却还是忍不住伸手。其实他们都在心中呐喊"我渴望更多的倾听""我现

在很痛苦"。他们希望通过"惹是生非"从父母、老师和其他人那里得到更多的关注，表达自己的心声。驱使他们违法犯规的正是这种下意识的欲望。

顺手牵羊与小偷小摸都是毋庸置疑的犯罪行为，理应受到责罚。然而更重要的是，孩子身边的成年人必须开怀接纳孩子内心的想法。

决定与父亲保持距离之后，长野老师觉得自己需要一种学习之外的方式来表达自己。于是他迷上了摇滚乐。他没有被父母的压力打垮，狠狠叛逆了一回，好不容易摆脱了父亲的价值观。

"现在回想起来，我父亲应该是太渴望成就感了。他是想通过我的成功获得成就感。但我没有达到他想要的高度，所以他才会感到沮丧和愤怒。"

长野老师偏离了父母铺设的轨道，一心想当小说家。他选择去补习班当老师，一边上班，一边追逐梦想，却没想到在机缘巧合下邂逅了自己的天职。

长野老师很少大声责骂儿子。因为他早已告诫过自己，己所不欲，勿施于人。就成绩与生活态度稍加提醒的情况当然是有的，但他会用尽可能平静的语气跟孩子说话。体罚就更不用说了。他把父亲用作了子女教育方面的反面教材，将当年的痛苦回忆变成了今日的精神食粮。

然而，在父母的怒骂中成长起来的人往往会用同样的态度对待自己的孩子。长野老师为何能打破这个恶性循环？

"因为我长年从事教育行业吧。"

他告诉我，因为他接触过太多太多的案例，所以能从客观角度认识到打骂孩子是没有意义的。

亲子关系是可以修复的

如果过度管教让孩子不堪重负，丧失了活力，父母又该如何挽救呢？我也咨询了长野老师。

"孩子、父母和亲子关系都会不断成长。成型的亲子关系并不会就此固定下来。覆水确实难收，但父母完全可以认真思考自己今后能为孩子做些什么。只要及时弥补，亲子关系就是可以修复的。家长可以从意识到自己犯错的那一刻起，思考你想如何修复亲子关系，以及你想成为什么样的家长，这么想也能为家长带去希望。这将成为家长更上一层楼的契机，也有助于亲子关系的良性发展。我们无法改写过去，却可以把过往用作再接再厉的精神食粮。"

是不是只要做错一次，事态就无法挽回了？——每个人都会产生这样的担忧。然而，大多数问题其实是可以弥补和挽回的，亲子关系也完全可以修复。同理，孩子没考好、有几道题不会做也没关系，有的是办法挽回。关键是别着急，耐心等待。

长野老师小时候也受过体罚。当然，儿时的他对此深恶痛绝，说不定也曾因此失去一些东西。但如今，这些经历都转化成了他的精神食粮。

他知道孩子不喜欢父母怎样对待自己，所以对儿子不会犯同样的错误。他了解孩子被父母逼得喘不过气时的感受，所以才能做好"补习班老师"这份工作。克服逆境的经验也为他注入了信心。正因为他经历过风雨，才能从理所当然的日常生活中品出幸福。

养育子女的目标不是"让孩子考上第一志愿"，而是帮助孩子成长为独立而快乐的大人，送他踏上社会。从长远角度看，其实人生中的每一段负面经历都可以转化成进步的能量。

话说很久以前，长野老师收到了一个学生写来的信。那孩子的成绩很好，所有人都认为他能考上第一志愿，可最后只考上了第三志愿。大家都很失望。但过了一阵子，孩子写信来说："以前的我是为了炫耀才学习的，但我现在是只为自己学习。"

反之，有些孩子被家长逼到极限，成功考上第一志愿，却像第2章里智也的儿子那样，背上了难以愈合的伤口。也有人像晴男一样，在大考之后彻底丧失了前进的动力。还有一些人像第1章中的知佳与小凛那样，看似过着合父母心意的生活，其实举步维艰。

长野老师强调，"考上＝赢家，考不上＝输家"的观念要不得。关键在于"你能从这段经历中学到什么"。

养育子女意味着一次又一次的不顺心与不如意。在此过程中，父母绝不能一味否定既成事实，而是应该开动脑筋，思考如何才能最大限度地将其利用起来。

能否在遭遇不如意的时候将其转化为未来的动力，考验的是一个人的抗压能力。父母必须先强大起来，再让孩子学会这份强大。

我们不必刻意让孩子一直走在布满荆棘的道路上。不过当孩子遭遇艰难困苦时，做父母的不妨将其看作一场针对抗压能力的考验。

只要有容身之地，船到桥头自然直

如果父亲把孩子逼得太紧，做母亲的又该采取怎样的立场呢？

"有些找我咨询的家长确实遇到了这种情况。我可以明确告诉大家,这种父亲是不会改变的。如果一个孩子没有父亲盯着就不学习,我会这么建议他的母亲——'那就由他去。如果他能趁父亲不在的时候放松放松,就让他尽情放松吧。对孩子来说,这样的时光也是非常必要的。'"

换言之,"当好孩子的避风港"比"想办法改变父亲"更有效。

据说有些孩子会在上课的时候突然哭出来。长野老师说,遇到这种情况时,一定要让孩子哭个痛快。

孩子是想用这种方式平衡自己的情绪。周围的成年人必须为他们留出足够的空间和时间来宣泄。

宠物状态不对劲的时候,主人肯定会静下心来仔细观察。可是在养育子女的时候,家长总想把孩子养得更好,所以很容易出现过度干涉的倾向,任由过分的话脱口而出。

但长野老师强调:"未来确实很重要,但孩子当下的感受也不容忽视。你不能自说自话把人家的心情搞得一塌糊涂,却想当然地认为'我可以批评到这个程度,因为这对孩子的未来是必要的'。这是不折不扣的歪理。"

不能大吼大叫,不能动手打人。道理谁都懂,可就是忍不住。遇到这种情况时,家长又该怎么办呢?

"忍不住对孩子动手,就说明你控制不住飙升的火气。这意味着你的自控能力还不到家。这种情况下就不应该教导别人，哪怕对方是自己的孩子也不行。"

也就是说，如果一个人没有足够的气度用准确的说法传达必要的信息，那他就没有资格教导他人。这一原则也适用于补习班的老师。

"想当年，如果有学生在课堂上表现出明显的厌学态度，或是扰乱课堂纪律，老师肯定会发火的。我年轻的时候，上了年纪的老师都是这么说的：'遇到这种情况，老师必须给学生一点颜色看看，否则他们就不把你放在眼里了。'但我渐渐认识到，采取这种高压的态度会严重破坏课堂的气氛，还是尽可能避免为好。现在遇到类似情况时，我会心平气和地与学生搭话，问一句'你在做什么呢'。如此一来，学生反而更愿意乖乖道歉。"

举办育儿讲座时，也常有听众问我："要是不给孩子一点颜色看看，他岂不是就不把大人放在眼里了？"我一般会如此回答：利用家长、老师等具有压倒性优势的立场去威吓孩子，也不可能赢得孩子的尊敬。他反而会更加瞧不起你。

如果孩子是无意中惹家长或老师不高兴了，大人完全可以客观地指出问题的所在，孩子自会多加注意。可如果孩子是故意的，那就意味着他是在试探大人。他也许是在拼命释放某种求救信号。

要是大人在这个时候大发雷霆，控制不住自己的火气，就会彻底失去孩子的信任。孩子不把你放在眼里也是在所难免。越是这种时候，大人就越是应该表现出宽宏大量。

"北风与太阳"的故事讲的就是这个道理。

| 第4章 |

逃进避难所的女孩远多于男孩

女孩的风险更大

2004年，坪井节子律师与志同道合的伙伴们一同创办了"钟乐(carillon)儿童中心"。

坪井律师经常担任问题少儿的代理人。在日常工作中，她发现这些孩子背后都有虐待与种种不恰当的育儿行为。无论家庭环境多么糟糕，孩子都无处可逃。所以专为孩子们服务的庇护所必不可少。

因惹是生非被警方逮捕、送上家庭法庭的所谓"问题青少年"大多是男孩，所以坪井律师本以为会有许多男孩来到庇护所。实际情况却恰恰相反。

庇护所成立至今已有15年，保护了380余名青少年，而女孩占了足足2/3。其中16~17岁的女孩占了一半，14~15岁与18~19岁各占1/4左右。不过放眼全国，专为女孩服务的庇护所确实占了多数。在庇护所入住者中，只有10%~20%是男孩。

"男孩会以惹是生非的形式发出求救信号，从某种角度看还是比较'好懂'的。他们的行为会造成社会问题，所以父母之外的成年人也很容易进行干预。而女孩往往把问题闷在心里,难以对外求救。"

坪井律师指出,因为待在家里不自在选择离家出走时,女孩面临的风险也比男孩大得多。

男孩离家出走后可以借宿朋友家,住几天换一家,勉强度日。因缺钱顺手牵羊、小偷小摸的结果便是被警方保护起来,接受大人的干预。

而离家出走的女孩一旦无处可去,四处游荡,就很容易被坏人盯上。等待着她们的是各种各样的危险——性侵、拐卖与受迫卖淫。

这绝非危言耸听。女孩们也害怕陷入这样的窘境,所以不敢贸然离家出走,除非情势迫不得已。因此许多女孩在家中遭受虐待,却不得不安于现状。这就是直接从家里逃去庇护所的女孩如此之多的原因所在。

"能以惹是生非的形式求救的孩子还算好的。最危险的是旁人口中的'乖孩子'。明明受到了虐待,父母和孩子自己却无知无觉。电视和报刊经常报道这类案件不是吗?——'众人眼里的好孩子缘何酿成大错?'每次听说此类案件发生,我都不由得感慨,如果那个孩子能逃出去,他就不至于杀人或丧命了。奈何'乖孩子'是不会求救的。"

什么样的孩子算"乖孩子"?

"换作以前,孩子们上了初中就会变得叛逆,到了高中阶段,父母也基本死心了。正因为如此,当年的孩子们才能平安长大。可现在的父母太强势了。他们受过良好的教育,经济实力雄厚。现在的孩子哪怕上了高中,也无法与父母作对。常有父母炫耀'我家的孩子没有叛逆过',我们就生活在这样一个把'不反抗父母的孩子'定性为'乖孩子'的社会。孩子们无路可逃,最后往往会产生过激行为。因为他们别无选择。"

确实有许多家长喜欢笑着吹嘘自家的孩子上了中学却不叛逆,听得我心惊肉跳。

近年来,面向家长的"教练技术"讲座与书籍层出不穷。教练技术的初衷是"帮助对方发挥出全部实力",可家长若是动了歪念,便可以用它来摆布自己的孩子。

说不定有许多父母装出以万千柔情倾听孩子的心声的样子,引导他们朝自己希望的方向走……我常有这方面的担忧。

初中和高中的老师们也敲响了警钟。亲子关系再好,到了上初中、高中的年纪还没有任何叛逆的迹象,总归是有些不太正常的。即使孩子顺利考进了父母和自己心仪的大学,日后也很容易闹出大问题,比如上大学后闭门不出、踏上社会后患上抑郁症,等等。

能逃出来就很了不起了

来到"钟乐儿童中心"的一个女孩问坪井律师:"你们律师是不是能靠这个中心赚到很多钱?"坪井律师笑着回答:"瞧你说的,筹集善款供你们一日三餐就够我们忙活的了,哪有钱拿呀!"

听到这话,女孩反问道:"没钱拿为什么还要做这些事啊?"坪井律师直视着女孩的眼睛回答:"因为你们每一个人的生命更宝贵呀。"女孩高呼"骗谁呢!",然后笑了。她看起来似乎很高兴。

孩子们往往会在"钟乐"稍事停歇,治愈受伤的羽翼,然后离巢起飞。据说孩子们在"钟乐"逗留的平均时间约为两个月。顺便一提,厚生劳动省自2011年起开始向庇护所发放补贴。

目前共有21个组织参加了"全国儿童庇护所交流会"。类似"钟乐"的庇护所在日本全国各地共有14所,但数量还远远不够。排除万难到达庇护所的孩子仅仅是受虐儿童和不恰当育儿行为受害者的一小部分。这只是冰山一角。

坪井律师向我们讲述了几个中心收容的孩子的故事。

小A是某名牌私立高中的高三学生,成绩优异。在旁人看来,她是所谓的"正经人家的闺女"。父母让她做什么,她就做什么，堪称教科书般的"乖孩子"。

然而，她在家里频频因为成绩遭到家长的打骂。当她和母亲就报考志愿产生分歧时，教育虐待变本加厉。大人一开骂就是两个多小时，甚至会一脚踹飞她坐着的椅子，趁她倒在地上踹她几脚。

小A曾向学校的老师求助，可老师也不知道该怎么办。她忍无可忍，毅然离家出走。没过多久，她就被黑帮分子盯上了，上了人家的当，陷入了危险的境地。

危急关头，她想尽办法给朋友打了个电话，终于躲过一劫。但她意识到"回家"也很危险，与社会福利办公室协商后，她才逃来了"钟乐"。

小B的父亲是医生，开了一家诊所。父亲从小对他耳提面命，要求他长大了必须当医生。升上高三后，他告诉父亲自己想当药剂师。父亲无法容忍，开始对他拳打脚踢。他不堪忍受，于是逃到了"钟乐"。

看到这里的读者也许会纳闷：这些孩子都上高三了，怎么就不敢跟大人顶嘴呢？

问题是，这些孩子从小生活在"控制与被控制"的关系中，"反抗"并不在他们的选项之内，甚至一个女孩把她的父母比作"美杜莎"。言外之意，只要被大人瞪上一眼，她就动弹不得。

坪井律师时常告诉来到"钟乐"的孩子们："你能逃出来就很了不起了。"

小 C 就读于某名牌初中，生活在父母的严密监控之下。父母给他配了一部 GPS 手机，时刻关注他的行踪。翻看房间里的抽屉和日记也是家常便饭。

下午 6 点之前必须回家，超时不归，等待着他的就是严厉的惩罚。家长会用绳子把他绑在椅子上，搁着不管，直到午夜。好在等父母睡下，弟弟就来给他松绑了。

学校的老师察觉到了小 C 的异样，咨询校长后，瞒着他的父母办了手续，把他送去了"钟乐"。

教育指导与虐待有何不同？

"乍看之下，那些家长也许只是比较热衷教育罢了。但他们的所作所为根本不是教育指导。'教育'旨在鼓励孩子，帮助他们茁壮成长，而他们的行为显然与'教育'背道而驰。应该如何概括这种行为呢？想来想去，我们便想到了'教育虐待'。"

到哪里为止算管教与教育指导，从哪里开始算教育虐待？

"这不是程度的问题，不是'低于这条线就可以接受，超过这条线就不行'。管教和教育指导的本质是鼓励孩子，促进孩子的成长。说白了就是英语里的 empowerment（赋能）。而虐待的本质是对人权的侵犯，两者截然相反。孩子不是父母的宠物、机器人或奢侈品。利用孩子满足父母的私欲、发泄父母的挫折感，就是不折不扣的人权侵犯。如果你想为孩子赋能，就必须把他看成一个人，以尊重的态度进行教育指导。在我看来，能否把孩子看成和自己一样的人，就是教育指导和虐待的区别。哪怕说出来的话是一样的，大人的心态若是不一样，孩子的感受也会有很大的差异。"

"你就是没出息""我就不该生你""你还不如死了算了"……这些话显然否定了孩子的尊严。"通过打骂激励孩子"的逻辑不过是父母的一厢情愿。坪井律师义愤填膺道："伤害一个需要父母且无力反抗的孩子，还口口声声说什么'我是为了你好'，简直岂有此理。"

然而在养育子女的时候，家长总免不了发脾气，说些过分的话。为人父母并不等于立地成圣。

"如果一位家长在情急之下打了孩子，事后却很后悔，心想'要是我没动手打他就好了'，那就说明他只是犯了一个家长都很容易犯的错误。只要能认识到错误的存在，告诫自己以后要尽量克制，就不会发展到虐待的地步。父母也不可能时刻做出正确的反应，但我们不能破罐子破摔，而是应该尽可能要求自己做出正确的选择。家长和孩子都是不成熟的，在磕磕碰碰中不断进步就是了。"

小D的母亲离过几次婚，独自抚养他和同母异父的妹妹。

母亲毕业于某名牌大学，非常注重子女的教育。小D也没有辜负母亲的期望，成绩优异。然而，母亲总是偏心妹妹。无论小D考出多好的成绩，母亲都是一味贬低，没一句好话。他渴望得到母亲的爱，所以加倍努力学习，总想当第一名。即便如此，母亲还是对他拳打脚踢，他只得默默忍受。

但在高三那年，小D第一次进行了反击，将母亲打倒在地。在那一刻，他突然生出了恐惧。"再这么下去，有一天我可能会做出更过激的事"——为了防止惨祸的发生，他主动选择了离开。

来到"钟乐"后，小D身边都是愿意鼓励他的大人。眼看着他一点点拾回了生气。这是他这辈子第一次品尝到"有人鼓励自己"的滋味。他在入住"钟乐"期间参加了高考，金榜题名。

"钟乐"为他筹集善款，并创立了奖学金制度。如今他已离开"钟乐"，租了一间廉价公寓，一边上学，一边打工赚钱。家具和电器都是"钟乐"员工淘汰下来的二手货。还有员工时不时给他送些吃的喝的。

"如果小D继续待在家里，不知道现在会不会做出伤害他人或自己的事。我很庆幸他能逃出来。"

小 E 就读于某重点高中，却不想上大学。这使他与母亲产生了激烈的矛盾。母亲下了最后通牒："不上大学就给我滚出去！"于是他来到了"钟乐"。

孩子在"钟乐"安顿下来之后，会有专门负责儿童事务的律师和工作人员进行细致的访谈，了解他这些年来的感受，然后整理成书面报告寄送给家长。

收到报告后，大多数父母会大受震撼，惊呼"我都不知道他这么痛苦"。坪井律师却说："但那种父母偏偏说不出一句'对不起'。"他们不光不道歉，还倾向于为自己辩护，嚷嚷着："我不是存心的……我不是那个意思！"

小 E 的母亲也不例外。她固执己见，表示"他要是回来，就必须听我的"。

小 E 选择留在"钟乐"，并明确告诉母亲："我要自己工作，不会回去的。"在自立援助中心的帮助下，他一边工作，一边上函授大学的课程。他决心不用父母一分钱完成大学的学业，哪怕要花 10 年时间也在所不惜。

"他的决定令我钦佩。因为他选择了抬头挺胸走自己的路，而不是回到父母身边，永远服从他们。"

为了避免陷入教育虐待的泥沼，坪井律师呼吁家长们扪心自问：

(1) 你是否觉得孩子和你是两个不同的个体？

(2) 你是否认同孩子的人生应该由他自己抉择？

(3) 你是否将自己的人生投映在孩子身上？

(4) 除了孩子，你是否拥有自己的生活？

认识不到这几点，就说明父母依附于孩子的人生。坪井律师更是一针见血地指出："虐待始于共同依赖。"

虐待的基数正在不断扩大

"钟乐"刚成立时收容的孩子以高中辍学的为主。但过了一段时间，上定时制高中①的孩子多了起来。近几年甚至出现了全日制高中的孩子。由此可见，教育虐待的基数正在扩大。

有关部门从1990年开始统计儿童虐待事件的咨询处理件数，当时约为每年1000件。而在2017年，这个数字飙升至13.4万

---

① 有夜校的高中。白天和夜晚都有一部分学生上课，共用教室和部分老师。课业相对宽松，可以边打工边上学，算是全日制高中和通信制高中的结合体。

件。人们对"虐待儿童"有了愈发清晰的认识,"发现有人虐待儿童时必须报案,哪怕事不关己也不能视若无睹"的观念也日渐深入人心,所以"咨询处理件数急剧增加"并不足为奇。因此我们不能仅凭这些数字断定"虐待儿童的现象正在迅速增加"。但坪井律师认为,即使把这个因素考虑在内,"虐待儿童的情况有所增加"也是不争的事实。

"我觉得最大的问题在于大人过得不快乐。大人若是处于不满、烦躁的状态,心理压力很大,就会找弱势群体发泄。那些惹是生非或逃出来的孩子都是有勇气对这种不讲理的控制说'不'的人。有足够的能量做出这样的选择就很值得庆幸了。要是反抗不了,孩子很可能会变得抑郁,做出自残行为,甚至做出更过激的行为。"

来到"钟乐"的孩子们好不容易才摆脱了这种危机四伏的状态,但他们无法立刻放下心来。

在虐待(不仅限于教育虐待)中长大的孩子是不信任大人的。他们认定大人都会控制、忽视或利用他们。

来到庇护所后,孩子们总算远离了大人的拳打脚踢与辱骂。总有人陪着他,愿意听他倾诉,为他准备一日三餐,陪他一起吃饭。他有自己的房间,可以锁门,没人会自说自话地闯进来。他可以跟伙伴们一起看电视,一起散步,一起出门买东西。

但孩子们潜意识里的紧张不会立刻消弭。一时间，他们不敢相信自己置身于真实的世界，难以摆脱对大人的怀疑——"大人怎么可能这么好心？他们迟早会抛弃我的。"

学校的老师、同学的父母和邻居肯定也曾为他们担心过，问过"你没事吧"？他们也曾燃起希望，心想"他也许会来救我"。然而，那些人最终还是没有伸出援手，不会倾听他们的心声。有过几次这样的经历之后，他们就不会再对世上的大人抱有任何期望了。

因此刚来到庇护所时，他们不会彻底放下戒心，而是会观察身边的大人。

但一段时间之后，他们就会打开心扉，然后下意识地开始试探大人。撒谎、谩骂、绝食、闭门不出、说自己睡不着觉，甚至有自残行为……他们会通过这些方式试探那些看似和蔼的大人，看看他们是不是真心对自己好。

"滚出去"等于"去死吧"

最棘手的情况是孩子跟多名职员说其他职员的坏话，以此破坏职员们看似团结的人际关系。于是不够成熟的大人便会产生错觉，认为"只有我才能保护好他"。孩子试图以这种方式控制大人，因为他们只能从"控制与被控制"的角度看待人际关系。他们试图把他人"卷进来"，以一种不适当的方式构建人际关系，这种倾向经常出现在依赖性强的人身上。

卷进来的大人被孩子耍得团团转。如果大人没有答应他们的无理要求，他们就会使出绝招——"你也要抛弃我是吧"。

请容我再次强调，孩子们是在下意识地试探大人，只为保护自己，追求安全感。

"钟乐"刚成立的时候就发生过这种情况。起初职员们不知所措，被孩子折腾得晕头转向。于是坪井律师直接找那个孩子谈了谈。她说："别再这样了。再这么下去，职员们肯定会撑不住的，到时候'钟乐'就办不下去了。你不需要做这些事的，大家心里都有你，没人会抛弃你的。"

孩子顶嘴道："你干吗不让我滚出去？"

坪井律师瞪大眼睛反驳道："你是无处可去才来了'钟乐'不是吗？让你'滚出去'不就是叫你'去死'吗？我们开办庇护所就是为了保护你们啊！我是不会说出'滚出去'这种话的！"

"哇！——"听到这话，孩子顿时号啕大哭，还说"我从没碰到过不说'滚出去'的大人"。

"不听话就给我滚出去！"她从小在这样的怒骂中长大。把孩子赶出家门,就等于是让她去死。换句话说,孩子听出了威胁的意味。

"我还是第一次碰到不说'滚出去'的大人。"她如此感慨。自那时起,她才真正向"钟乐"的工作人员敞开心扉。

"我们简直无法想象她受过多少委屈。大人无论如何都不该让孩子'滚出去'。真要赶人走,那也应该是大人走。因为大人离了家也不至于活不下去。但我们能接触到的只是冰山一角。人世间还有许许多多孩子正在经历同样的,甚至是更痛苦的煎熬。我希望每个人都能认清这一现实,所以才会把那些故事讲出来。我觉得这正是了解到现实的人应尽的义务。"

| 第 5 章 |

斯巴达式教育铸就的"成功"是否值得称颂？

发生在富裕家庭的虐待

2012年8月,《每日新闻》记者铃木敦子听说了"钟乐儿童中心"的情况,写了一篇专题报道,题为《教育虐待与父母的过度期望——盼着孩子成绩好……》。

当时社会各界已经广泛认识到了虐待儿童现象的存在,就"管教和虐待的分界线"开展了讨论(比如管教孩子也不能动手打人、长时间不给孩子吃饭以示惩罚也算虐待)。但讨论的重点终究是身体层面的虐待。

其实暴力不仅存在于物理层面,语言暴力、态度暴力也能归入暴力的范畴。铃木记者的报道聚焦了教育虐待这种肉眼看不见的新型暴力,而且它还打着"教育孩子的旗号",震撼了全社会。

铃木记者如此回忆当时的采访动机:

"媒体时常报道幼儿死于虐待的案件,而此类案件往往发生在所谓的贫困家庭,所以我一度认为虐待儿童与贫困挂钩。但美国的畅销书《虎妈战歌》(*Battle Hymn of the Tiger Mother*)让我意识到,富裕家庭中也许还存在另一种形式的虐待。"

《虎妈战歌》一书讲述了一位美国华裔大学教授是如何通过彻底的管控式教育将两个女儿培养成了精英，是所谓的"斯巴达式教育"读本，作者以叙述成功经验的笔触回顾了自己的心路历程。此书刚上市时收获了颇多赞美之词，诸如"这就是亚洲人的教育理念啊，太厉害了"。但不久后便有人提出了反对意见，称"这明明是虐待"。也是正反两方的激烈碰撞将这本书送进了畅销书的殿堂。

此书也在日本引起了热议。日语版《虎妈战歌》（朝日出版社）的书腰如此写道："格外严厉的华裔大学教授虎妈与两个女儿斗智斗勇，奋斗在养育第一线的暖心故事。……正因为母亲深爱着女儿，才甘愿承担一切风险。"

作者的教育理念与古代日本武士家庭颇有些共通之处。但我清楚地记得，自己看书时生出了一种脊背发凉的感觉。某教育杂志提出做一期关于虎妈式教育的专题时，我也婉言拒绝了。

《虎妈战歌》一书的开头列出了作者不允许两个女儿涉足的事情：

◎ 在外面过夜

◎ 参加玩伴聚会

◎ 在学校里卖弄琴艺

◎ 抱怨不能在学校里演奏

◎ 经常看电视或玩电脑游戏

◎ 选择自己喜欢的课外活动

◎ 任何一门功课的学习成绩低于"A"

◎ 在体育和文艺方面拔尖,其他科目平平

◎ 演奏其他乐器而不是钢琴或小提琴

◎ 在某一天没有练习钢琴或小提琴①

稍有违背,孩子就会遭到虎妈的严厉斥责。据说在练钢琴的时候,虎妈有三句口头禅。

——天哪,你怎么弹得越来越糟糕!

——快点儿,我数三下,你就得找准音调!

——如果下次你再弹错一个音符,我就要把你所有毛茸茸的"小动物"扔到火里化为灰烬!②

这也太不讲道理了。但作者就此事给出的评论是,"现在回想起来,这些'杀气腾腾'的督战方式似乎有点儿过激,但它们的

---

① 摘自中信出版集团《虎妈战歌》。
② 同上。

确十分奏效。……索菲娅(女儿)则显得成熟、耐心,富有同理心。她相信妈妈知道,对她来说什么是最好的选择。即便我有时大发雷霆或出口伤人,她也会原谅我。[①]"

在我看来,这样的教育方针只能用"专横"来形容。然而,作者的两个女儿掌握了一流的琴技,又被美国最好的大学录取,种种问题都被美好的结局所掩盖。这本书认为,父母若为孩子的未来着想,就该痛下决心,严格管教。

但第1章介绍的事例和序言中提到的书籍告诉我们,哪怕孩子收获了光鲜的学历与事业,哪怕家长因此自豪不已,长大成人的孩子也往往走不出童年的阴影。

在商界、政坛、体育界和其他领域,常有人人艳羡、名利双收的"精英"莫名其妙染上毒瘾,或是卷入丑闻,在一瞬间名誉扫地。如果这是因为父母从小对他们施加的诅咒,"没有我你就什么都干不成"……我们真的可以说,这就是养育子女的正确方式吗?

人生本就没有绝对的"成功"。有高潮,也有低谷。

什么样的人生才是"充实而精彩"的,取决于每个人自己。而这个判断离不开只属于自己的"标尺"。这把"标尺",就是我们每一个人的"人生指南针"。

---

① 同上。

只要有指南针在手，即使在人生的漫长"航路"上遭遇逆风，即使每天只能前进一毫米，你也能勇往直前，追寻幸福。久而久之，你便会意识到人生的旅途没有明确的目的地，按自己的"人生指南针"不断"航行"的过程才是幸福的源泉。

无论你考上了多么著名的大学，获得了多少财富与名声，只要这些东西的价值是由你以外的别人决定的，你就很难靠它们感受到自己的人生价值。在这种状态下，一个人恐怕很难体验到人生的充实与精彩，不是吗？

要求孩子海量阅读其实体现了大人的自私自利

虎妈绝非特例。还记得有段时间，电视上每天都有关于"幼儿教育最新趋势"的特别节目。那些节目声称他们传授的方法可以让孩子一跃跳过十层跳箱，掌握绝对音感①，或是在三年内看完 2000 多册绘本。铃木记者也对这种论调产生了怀疑。

"多逼一逼，孩子大概是做得到的。可做到了又有什么意义呢？"

---

① 在没有参照音的情况下，仍能够辨认出或给出由乐器或周围环境发出的任何音调的能力。

对此我深有同感。实现一个看似不可能完成的目标，确实是一种宝贵的经历。可这个目标本身到底有没有意义呢？我也颇感疑惑。

最令人费解的是"让孩子在三年内看完2000多册绘本"。乍一看，确实会觉得"这个目标了不起"。但大家不妨仔细琢磨琢磨……

翻来覆去看同一册绘本才是幼儿的常态。他们会一次又一次让家长拿来《红鬼的眼泪》，念给他们听。有时让妈妈念，有时让爸爸念，有时让爷爷奶奶念。每个大人的念法都不太一样，这也是带来乐趣的元素之一。无数次翻到同一页，却总能哈哈大笑。孩子们通过这种方式反复品味一本书，吸收故事的每一滴精华。只有这样，故事才能化作孩子的血肉。

可如果孩子必须在三年内读完2000多本，那就不可能反复阅读同一本了。他们将化身大胃王比赛的选手，必须以最快的速度吃下大量的食物，而不是细细品味。

"看书越多越好"这一价值观是大人的标尺。把大人的标尺塞到孩子手里，让他们按这套标准行事，其实是大人自私自利的体现。

然而，这种教育方法在当时受到了各路媒体的高度赞扬。铃木记者也察觉到了这种现象背后的异样。

"我是个农村孩子，小时候很羡慕城里有钱人家的孩子，因为他们可以上名牌私立幼儿园和小学，上各种兴趣班。但是研究过教育虐待的案例后，我就一点儿都不羡慕了。"

铃木记者认为，教育虐待的背景是以成绩论英雄的风潮，即"孩子的价值由学习成绩决定"。

"在经济高速增长期，日本人的生活方式日趋同质化，所以才出现了'一亿国民皆中产'的说法。大家都住差不多的小区，买差不多的彩电等电器，买差不多的私家车。由于这种同质化过于严重，家庭主妇只能借助老公的事业与子女的学历和别人拉开差距。"

换言之，她认为教育虐待由来已久，并不是近些年的新鲜事。

为什么不能体罚？

铃木记者还提出了一个犀利的观点。

"'教育虐待'听起来像某种新型的虐待行为，但在体育界，这种现象恐怕已经持续了很长时间。"

许多体育界的"星二代"从小接受精英教育，在摄像机镜头前遭受家长辱骂，泪流满面。电视台倾向于将此类画面塑造成"亲子之间的感人故事"，殊不知一步走错，就有可能发展成教育虐待。

铃木记者指出，即使是在没有摄像机镜头的普通家庭，父母在指导孩子练体育的时候也常常过火。

日本的教育素有在社团活动中实施体罚的文化。人们普遍认为，体育和体罚有着密不可分的联系。在这种文化中成长起来的人强烈抵触将体育指导中的体罚称为虐待。

作为探讨教育虐待问题的前提，我们有必要梳理一下明治时代以来的日本教育传统——体罚。

"体罚是不对的"这句话里至少存在三个层次的论点。

- 何为体罚？
- 体罚为什么不对？
- 体罚确实不对，但有时是否也是必要的？

所谓体罚，就是针对身体进行的责罚。2012年，一名日本高中生因在社团活动中遭受体罚结束了自己的生命。相关报道中常有这样一句话——"这不是体罚，而是暴行"。我却认为这是无稽之谈。世上哪有"不是暴行的体罚"？

我也相信那位社团顾问老师不是不爱学生。

问题是，"有没有爱"并不重要。关键在于指导者是"只会通过体罚进行教导"，还是"掌握了其他更恰当的方法"。催生体罚的并不是爱，而是指导能力的不足。

而且体罚之"恶"并不在于肉体层面的痛苦。自杀的学生绝不是因为肉体上的痛苦才走上了绝路，逼死他的其实是精神层面的走投无路。换句话说，体罚问题的本质不是肉体上的痛苦，而是精神上的痛苦和恐惧。即便肉体的痛苦能在短时间内消失，心灵的创伤也会像后遗症那样带来长久的折磨，甚至发展成"致命伤"，所以我们才要反对体罚。

除了体罚，辱骂和否定存在价值的态度也隐含同样的风险。所有基于"惩罚"的教育方法都应该放到台面上接受公众的质疑。所以我接下来会使用"惩罚"一词，而不是单说"体罚"。

那么，为了让孩子在短时间内取得突破，"惩罚"是必不可少的吗？谈及这个问题时，也许有人会说，"这取决于惩罚的程度"。但我坚信，通过"惩罚"获得的进步是暂时的，绝非货真价实的成长。

一个依靠鞭子等外在动机被迫成长起来的人是无法自律的。鞭子一旦消失，他便无法前进。由于这样的人不具备独立成长的能力，一旦遇到困难，他就会去寻找另一个鞭打自己的导师。

相较之下，那些主动试错、在磕磕碰碰中成长起来的人会鼓起勇气，试图用自己的力量克服眼前的所有困难。要想帮他们取得突破，旁人唯一能做的就是送上鼓励。鼓励会为"想要实现目标"这一意愿提供助力，帮助他们靠内在动机突破难关。

后一种情况需要更多的时间去浇灌，但教育效果更好，也更持久。所以我们才说"人是无法被改变的（外在动机），只能主动转变（内在动机）"。

如果没想通这一层，再嚷嚷"体罚不好"也是徒劳。这个道理同样适用于教育虐待。

日本曾是孩子的"天堂"

为什么体罚在日本社会如此深入人心？

如前所述，"体罚"是明治时代以来的日本教育传统。以培养战士为己任的武家社会暂且抛开不论，许多在江户时代前后访问日本的外国人留下记录称，在农村和乡镇文化中，日本人的养育观念其实是非常宽松自由的，例如：

● 我们通常以鞭打惩罚儿子。但在日本，这种做法

极为罕见。大人只会口头训斥。(路易斯·弗洛伊斯①,《日欧比较文化》)

●父母普遍对婴儿百般爱抚,家家户户皆是如此,不论身份高低。……大人悉心照顾孩子,但也会让他们自由玩耍。如果天气不是太冷,就让他们几乎光着身子在街上跑来跑去。……无论孩子多么顽皮,……我从未见过他们受到任何形式的责骂或责罚。……我们无法在其他地方找到像他们那样幸福快乐的孩子。(卡廷迪克②,《长崎海军传习所的日子》)

●这里就是孩子的天堂。(阿礼国③,《大君之都》)

常有人说"以前的家长要严格得多",但这句话里的"以前"一般指昭和初期,最多也不会超过明治后期。

大家不妨仔细回忆一下当时的日本局势。那正是日本拼命模仿西方帝国主义,不惜借助战争解决国际争端的时候。

---

① 路易斯·弗洛伊斯(Luís Fróis, 1532—1597),葡萄牙天主教传教士,年轻时已经离葡萄牙,主要在日本传教,是《日本史》及《日欧比较文化》的作者。在方济各·沙勿略(Francis Xavier)的推荐下来日传教,曾与织田信长见面。1597年在长崎病逝。

② 卡廷迪克(Willem Johan Cornelis ridder Huijssen van Kattendijke, 1816—1866),幕末时期来到日本的荷兰海军军官。

③ 阿礼国(Rutherford Alcock, 1807—1897),英国外交官,曾任英国驻上海领事、驻日公使,活跃于幕末的日本。

正如当时的口号"富国强兵"所示，在一个军国主义国家，教育的目的就是"培养优秀的战士"。所谓"优秀的战士"，就是绝对服从上级的命令，能够忍受身体和精神上的痛苦与各种不合理情况的人。除少数领导人外，普通战士不需要具备个人意志与自主性。

为了将培养战士的理念贯彻到社会基层，"孩子必须绝对服从父母""崇尚忍耐、坚韧和自我牺牲"这样的教育观念在明治中期之后的军国主义国家体制下普及开来。这些灌输给民众的"美德"，不过是战争时期的产物而已。

即便战争已经结束，只要国家仍在全球经济的竞争中为自身的威信而战，局面就不会有任何改变。正如"企业战士"一词精辟体现的那样，在经济高速增长期，那些绝对服从上级命令、受得住身心痛苦与不合理待遇的人才是受企业追捧的"人才"。

然而，在未来的成熟社会中，没有人会把正确答案摆在你面前。我们必须靠自己的双手开拓前路。在这样的大环境下，自主思考、自主行动的能力显然比快速、准确地执行命令的能力更为重要。

可是在当今社会，"父母必须手把手教孩子学会一切"的社会执念仍未消除。铃木记者认为这种观念本身也暗藏危险。在她看来，正因为全社会普遍认为"孩子的学习成绩视父母的教育参与度而定",父母才会有肩负重任之感,下意识地对教育过度热衷。

反之,孩子一旦变成游手好闲的尼特族,许多父母就会责怪自己,认为是自己没有教好孩子。但铃木记者指出,"这也不一定是父母的错"。

近年来,媒体确实报道过各种轻度发育障碍造成孩子无法适应社会环境(如学校)的事例。也有很多人在严重的教育虐待中长大,却顺利踏上社会,做出了一定的成绩。因此"父母的教育参与度"和"子女的人生"之间并没有线性因果关系。

"我认为现代人把过多的育儿责任压在了父母肩头,所以父母才会格外紧张,一紧张就容易犯错。因此我很抵触滥用'虐待'一词。如果乱贴标签让广大不成熟的父母认为'我是不合格的家长',那就要坏大事了。这样的两难境地是难以避免的,毕竟我自己也是个为养育子女烦恼的家长。"

也许教育虐待的前提正是不堪重负的父母。如果真是这样,我们就不能把教育虐待简单粗暴地定性为父母的个人问题。它的背景要复杂得多。

"教育虐待"一词的冲击力

根据铃木记者的报道,"教育虐待"一词在 2011 年 12 月首次出现在日本的公开场合。在茨城县举办的"日本防止儿童虐待学会第17届学术大会"上，武藏大学的武田信子教授称"强迫儿童以超出其承受极限的强度学习就是'教育虐待'"。她还指出："打着'教育'的旗号强迫儿童按父母说的做就不用说了。站在儿童的角度看，父母的收入差距在极大程度上影响儿童受教育权利的状态也是不容忽视的问题，而且教育系统在不知不觉中把儿童逼上绝路的日本国情也构成了社会层面的'教育虐待'。"

"教育虐待"一词原本是"钟乐儿童中心"的职员使用的俗称，常用于"那孩子的家长是打着教育的旗号虐待他"这样的语境下。埼玉大学的岩川直树教授对职员们进行了采访，并把采访结果告知了武田教授。

我们请武田教授谈了谈她关注这个词的动机。

"20世纪80年代，我在医院的精神科接受培训的时候，这种虐待就已经造成了很多问题，而且我的硕士论文写的就是教育等方面的压力和心理健康之间的关系，所以这对我来说是一种已知的现象。"

热衷教育的父母把孩子逼上绝路本不是近年才有的新鲜事，也不是现在这一批父母特别不正常。

"日本的法律将'虐待'定义为'监护人'的行为，但我在加拿大的多伦多大学研究过儿童发育和育儿援助方面的问题，所以我知道在英语国家,'虐待'不仅意味着'abuse'(滥用力量),还有'maltreatment'(不恰当对待)的含义。看到'教育虐待'一词时,我便灵光一闪,觉得它不光可以指代父母实施的虐待,还可以指代全社会的教育体系和学校这一平台本身造成的'不恰当对待'。"

在上述学术会议中,"钟乐儿童中心"的坪井律师围绕家庭中的教育虐待进行了发言。著名的校园社工先驱,大阪府立大学的山野则子教授谈到了所谓的"教育忽视",即儿童由于家庭贫困等原因无法接受教育的问题。武田教授则分析了更广义的"教育虐待",即"education maltreatment"(教育层面的不恰当对待)。

武田教授在会上呼吁:"学校制度充满了竞争与强制,而且部分学校还对'教师用权力镇压学生''教师以对待弱者的态度胁迫学生''对学生使用不恰当的语言和态度'等问题视而不见。这样的大环境会让儿童丧失活力,剥夺他们的自主性。我们可以容许这个国家的教育在这条路上越走越远吗?"

与此同时,她也对"教育虐待"一词的煽动性敲响了警钟。

"在我看来,我们应该把 education maltreatment 定位为一种反映了社会价值观的现象,而不是个人的责任。但 education maltreatment 这一术语过于晦涩,难以被公众理解。但是说成'教育虐待',公众又很容易将其认定为'个别家长的问题'。"

武田教授认为，在工业化飞速发展的时代，全社会大力推广旨在培养大批具有一定能力的"人才"的教育方式，而且这种教育方式直到今天依然根深蒂固，所以才导致了各个层面的摩擦，而这些摩擦以 education maltreatment 的形式表现了出来。

当 education maltreatment 发生在亲子关系中时，它便成了"教育虐待"。而当它发生在学校时，便成了人们口中的"黑色校规""职权骚扰型指导"和"指导致死"等问题。

如不改变全社会的教育体系和教育观念，education maltreatment 就不会消失，体罚、黑色校规和教育虐待也不会消失。总而言之，在个人层面谴责实施教育虐待的父母并不能从根本上解决问题。

本书的目的也不是谴责"坏家长"。关键在于拓宽视野，了解是什么驱使他们做出了那些事。

| 第 6 章 |

披着理性外衣的情绪暴走

大考结束后走上绝路

一位在某地方城市经营中小学生补习班的老板跟我们聊起了一个被过度热衷教育的父母逼上绝路、自寻短见的学生。

那个孩子聪明伶俐，但学习成绩平平。父母对他寄予厚望，认定"他只要肯努力就能出成绩"，于是施加了很大的压力。问题是，这份压力实在太沉重了。虽然孩子考上了大学，但不是第一志愿。他为此懊恼不已，闭门不出，最终结束了自己的生命。

好不容易熬过了大考，却在上岸之后出现精神问题。这与第2章中智也的儿子和第3章中的美千代有着共通之处。一旦在精神层面立于危机边缘，即便顺利通过了考试，也不能把之前的一切问题一笔勾销。

补习班老板扼腕叹息道："我心有余而力不足，太难受了。"而孩子父母心中的伤口也永远不会愈合。

早知结局如此，谁都不会对孩子穷追猛逼。然而在出事之前，父母并没有看到教育与虐待的分界线。家长应该时常保持警惕，充分认识到自己始终是看不到那条分界线的，说不定已经在不知不觉中越过了红线。

为什么父母会对孩子苦苦相逼，甚至不惜越过红线？

Z会的长野老师说："换作传统的大家庭，孩子们还有地方可躲。"而且大家庭中有父母之外的其他大人看着，如果父母做得太过分，定会有人出言劝阻或保护孩子。而父母也能从中学习和孩子打交道的恰当方式。

然而在小家庭中，父母和子女之间没有任何缓冲，双方时刻处于正面碰撞的状态。孩子无处可躲。父母若想严格管教，就能严格到底。

常有人将补习班视作助长"鸡娃"热潮的必要之恶，但长野老师指出，补习班也能成为孩子们的避风港。

有些学生天天都来自习室，哪怕那天没有课。但他们并没有在用功学习。老师心想："既然你无心学习，为什么不去外面玩？"一问才知道，孩子只是不想待在家里。

这些孩子的父母也没做什么特别过分的事情，只是在家里对孩子施加了无声的压力。为了躲避这种压力，他们才天天往自习室跑。

如今有许多日本补习班向学生开放空教室用于自习。重点学校的老师们异口同声道："我们原则上不提倡学生上补习班，因为我们更希望学生专注于学校的课业。但有些孩子是为了使用自习室才在补习班买了最少的课时。他们习惯在放学后去补习班,在那里完成一天的学习,然后回家放松休息。"据说最近的初中生和高中生没有在家学习的习惯。

起初我是百思不得其解。在自己的房间里有着熟悉的环境学习,不受任何人打扰,不是更容易集中注意力吗?莫非他们去自习室是为了制造"我学习了"的错觉?还是为了见朋友一面,获得安全感?他们是不是对自己太好了?……但听完长野老师的一席话,我意识到事情没有那么简单。

人们已经不像过去那样迷信学历了,却依然注重学历,普遍抱有"至少要把孩子送进这个级别的大学"的意识。再加上经济大环境长期不景气、求职竞争激烈、终身就业制度土崩瓦解、经济全球化以及时代日新月异的变化,导致人们愈发难以预测世界的前景,于是越来越多的父母对他们孩子的未来产生了忧虑。

再加上受少子化(出生率下降)影响,家中的兄弟姐妹少了,压在一个孩子肩头的期望和焦虑自是成倍增长。在现代的小家庭中,孩子在家学习就意味着置身于这样的压力氛围中。这确实令人窒息。

补习班的老师们对此深有感触,许多补习班也敞开了自习室的大门。老师们认为,与其在家里学习,忍受父母的过度干涉,还不如让孩子们在自习室学习,遇到不懂的地方还能马上问老师。

而补习班自习室的流行也许能从侧面证明"家庭正逐渐演变成一个令孩子们窒息的地方"。重点学校的教师们恐怕也不得不同意这个观点。事实上，近年来有越来越多的学校为学生准备了设备齐全的自习室。

与此同时，在起居室或餐厅而非自己的房间学习的孩子也有所增加，而且据说有这种习惯的孩子成绩更好。起初我对此也颇感疑惑。家里人在周围忙这忙那，孩子们就不觉得吵吗？这样还能集中注意力学习吗？不过换个角度看，就很容易理解他们的选择了。

假设一个孩子在自己房间的书桌前学习。热衷教育的家长肯定会每隔10分钟就进来看一看，就像知佳在第1章里描述的那样。于是孩子便会时刻处于监控之下。碰上特别注重教育的父母还会守在孩子身边，贴身指导。双方专注于桌上的习题，导致"热度"直线上升。在孩子写下错误答案的那一刹那，家长很容易情绪用事，厉声责骂："不对！"密室之中，没有任何东西能够阻拦情绪的爆发。

但在起居室或餐厅学习，家长就能一边做自己的事，一边在必要的时候看孩子几眼。

哪怕孩子做错了题，家长也无法立刻注意到。于是孩子就有时间发现错误并改正了。在这种状态下,家长不容易情绪用事,而孩子也能在遇到问题的时候及时发问。"孩子能在必要的时候主动提问"这一状态也能为家长注入安全感,防止他们过度干涉。

补习班的自习室能帮助孩子与父母的无声压力保持距离,而起居室与餐厅则是为孩子主动靠近父母、缓和压力创造条件的地方。

据说在当年的日本大家庭里,孩子们都是在起居室或餐厅做功课的。但随着家庭规模的不断缩小,家家都买了独栋房子,把二楼光照最好的房间留给孩子……这是在经济高速增长期风靡一时的生活方式。正是从那个时候开始,"教育热"在日本不断升温,催生出了"后进生""校园暴力"等问题。

父母热衷教育的小家庭的儿童房,也许是最不适合孩子们学习的地方。

致命凶器——"为什么做不到?"

补习班老师接触过无数危险的家长。毕竟考试和学习的压力最容易在补习班显现出来,所以补习班老师往往是最先察觉到教育虐待的人。我们甚至可以说,补习班正是教育虐待的前沿阵地。

长野老师向我们讲述了"过度热衷教育的家长把孩子逼上绝路"的两种常见模式。

模式之一，质问孩子："你为什么不会做？"这是家长缺乏经验的体现，说明他无法理解孩子为什么不明白。

"你为什么不会做？"被家长这么一问，孩子也不知该如何回答才好。照理说，家长应该这么想："为什么他连这么简单的题都不会做？到底是哪里难住他了？我该怎样做才能帮他掌握解题方法呢？"但他们把这些问题下意识归结成了一句话："你为什么不会做？"孩子无法从中感受到一丝温情。"你怎么这么蠢，连这种题都不会做？"——这层言外之意将直接命中孩子的心灵。

"别人都会，就我不会——我们每个人都有过这样的经历，而且这种现象也不仅仅会出现在学习方面。但那道题如果真的很容易的话，孩子总能学会的，不是吗？希望各位家长能在遇到这种情况时告诉自己，'哎呀，我当年也是这样的。孩子总要经历这个过程的'。"

家长们总是很着急，一心想着"必须在下次考试前让他学会"，于是无法接受"孩子不会做"的现状。他们总想立即改变孩子，一刻都等不了。明明自己不是搞教育的专家，却想方设法去教孩子。但家长的教法又不好，只会让孩子更加晕头转向。自己教得那么起劲，孩子却听不懂。在这种状态下，家长肯定会越来越生气，最后脱口而出："你为什么不会做？"

被质问的孩子对此无能为力。这么问并不能解决任何问题。家长越是逼问，孩子的脑海就越是一片空白。这种做法毫无建设性可言。

"承诺"将父母的愤怒合理化

模式之二，强迫孩子做出"承诺"。

孩子没考好的时候，这种家长会一边看成绩单，一边训话。他们不会当场大发雷霆，而是用无比冷静的态度，与孩子"探讨"原因与对策。"你觉得自己为什么会考成这样？""接下来怎么办？"……

被吓傻的孩子会老实交代自己没做好的地方，以及今后要如何改进。然后家长会要求他"说具体点"。孩子别无选择，只能回答："从今天开始，我会少打游戏，每天学习三个小时。"在这种近乎诱供的状态下，孩子被迫做出承诺。

承诺的时候，孩子肯定也是真心实意的。奈何人的意志力没有那么坚强，更何况他们年纪还小，违背承诺也是常有的事。

如果双方是萍水相逢的陌生人，稍微有点说话不算话也不会被发现。奈何缔约双方是生活在同一屋檐下的家人，还有亲子关系，一出问题就会被立刻发现。

"你说话不算话！""不是说好要做的吗！"……家长会揪住这一点狠狠批评。违背承诺一般被视作不道德的行为，于是家长便得到了严厉训斥的正当理由。孩子找不到任何借口，走投无路。

不能每天坚持锻炼、忍不住吃零食、因为压力大酗酒……家长自己明明也有很多缺点，却要求孩子做到完美，只准州官放火，不许百姓点灯。

在我看来，只有少数父母会不分青红皂白地嚷嚷"还不快去学习！""你就是没出息！"。而大多数父母会找一个责骂孩子的正当理由，用大道理武装自己，诸如"他违背了当初的承诺，所以我才要责骂他"。如此一来，家长便能为自己开脱，告诉自己"我没有情绪用事，乱发脾气"。

但他们最终表达出来的言外之意是"你就是个窝囊废，自己定的目标都做不到，所以你的成绩才那么差"。孩子无从争辩。家长堵死了他们的退路，把他们逼得无路可走。

换句话说，家长在用披着理性外衣的情绪发动攻击。

不过这能否被归入"虐待"的范畴还有待商榷。父母和孩子一起商讨规则、执行规则本是一种很好的教育方式，能帮助孩子学习自律。可要是过了度,就会演变成以"承诺"为盾牌的无情攻击。

两者之间并没有明确的界限。

所以我想给各位家长提个建议:对孩子的言行感到恼火时,你就当自己溺水了。溺水时该做的第一件事就是闭上嘴,不要手忙脚乱。

下一步则是对自己的想法稍作加工,改成能让孩子以积极向上的心态主动改变言行的说法。实在想不出合适的说法,闭口不谈也许才是上上策。

"无法包容孩子的软弱"也是大人的一种软弱

许多父母要求孩子"考第一"或是"考进最好的学校"。一位初三男生向长野老师讲述了父亲给他的压力。

男生一边掉眼泪,一边发泄着对父亲的不满。"他自己从没有过当社长的念头,凭什么要求我考第一啊!"

站在儿子的角度来看,父亲并不是一个野心勃勃的人,从没有说过"要爬上社长的位置"之类的话。可他成天要求儿子考第一,上东京大学。所以他流着泪控诉父亲"非要逼我做他自己都做不到的事情"。

"也不知道那位父亲听了会做何感想……"长野老师感叹道。但身为补习班的老师,他也不能跟人家直说"你儿子说过那种话",这样未免太不尊重学生家长了。

其实孩子们更顾忌家长的感受。说真心话会伤到父母的心,搞不好会让亲子关系变得更糟糕。所以他们才会找补习班老师倾诉,而不是直接跟父母说。

长野老师如此强调:"在大多数情况下,艰难的并不是学习本身。是来自父母的压力压得孩子们喘不过气。"

甚至有学生因为心理失衡不得不求助于心理医生。老师跟母亲解释道:"学习和考试再重要,逼到这个地步也是本末倒置。"母亲如实相告:"我也是这么想的,可孩子他爸……"

父亲也知道孩子由于学习压力过大精神失衡,正在看心理医生。即便如此,他还是毫不留情地说:"如果他真这么软弱,早点垮掉也好。"

这位父亲肯定也希望孩子能振作起来。可即便是父母,也不能把孩子伤到精神崩溃的地步。心理医生也说,如果生活状态得不到改善,孩子就永远都不会好起来。

如果父母可以急流勇退,及时修整,而不是要求遍体鳞伤的孩子振奋起来,情况定会好转得更快。正所谓"欲速则不达",奈何许多家长下不了这个决心。

"那位父亲无法包容孩子的软弱。但反过来说，正因为父亲自己也有同样的软弱，他的反应才会如此过激。他无法容忍孩子有着和他一样的软弱，而这也是一种软弱。"

成功体验与耻辱体验的交汇

父母倾向于根据自己的经验勾勒子女的人生蓝图。他们认为这么做是为孩子好，将自己的设想强加于人。从那一刻起，孩子便继承了父母的人生，并受其约束。他们模仿父母的成功经验，避免重蹈父母的覆辙。这将成为他们人生的指导原则。

然而，这样的孩子并没有走在他自己的人生路上。他们对人生缺乏主观能动性和信心。于是一旦出问题，他们就会立即归咎于他人，归咎于社会，无法在精神层面独立。这种孩子的学历再高，也并不意味着父母在教育方面取得了成功。

通过采访，我发现过度逼迫孩子学习的父母大致能分成两类。

一类是有学历自卑情结的父母。

他们因为自己学历不高吃过很多苦，所以不惜一切代价让孩子拼学历。他们只盯着学历带来的好处，却没有考虑到获取学历的成本。"越是英语不好的家长就越是倾向于让孩子学英语"即是这样。

另一类则是高学历的父母。

每个人都只了解自己的人生。走惯了捷径的人不知道如何通过绕远路邂逅意外的感动，不知道人生还可以这样去享受。他们误以为稍微走一点弯路，这辈子就完了。

大多数人都会在人生中遭遇不得不绕远路的情况，在此过程中结识意料之外的人，认识到"走最短的路线并不是人生的全部"。视野因此变得开阔，对生活的感触也会更加深刻。但有些人非常"幸运"，总能走最短的那条路。于是他们会对偏离这条路线的情况产生过度的恐惧。当他们有了孩子，就会认定"我必须确保孩子不走弯路"。执念就此产生。归根结底，还是因为他们不了解别的活法。

越是高学历的父母，就越是容易陷入这一误区。

他们害怕孩子走上一条自己不熟悉的路，所以希望孩子走自己的老路。如此一来，他们就能把对未知物的恐惧传给孩子，让自己彻底放心。然而，继承了这份恐惧的孩子将不得不活在恐惧的阴影下。他们也许能获得光鲜的学历，却永远都得不到安全感。这样对孩子真的有好处吗？父母难道不是只想让自己逃离恐惧吗？

一位英国朋友笑着告诉我："上名牌高中，然后去牛津、剑桥深造是我们家族的传统。我也是一路名校，直到高中，最后却成了我家两百多年的历史里第一个既没考上牛津，又没考上剑桥的人。"

他当时肯定承受了巨大的压力。好在他的父亲予以了认可，表示"这样的人生也不错"。如今，他在日本从事音乐方面的工作。他说自己过得很幸福。

看到孩子偏离既定路线，这位父亲心里肯定也挣扎过。但他没有把恐惧传给儿子，而是在自己这一代斩断了恐惧的循环。在我看来，这才是真正保护孩子的做法。

这两种家长最容易陷入教育虐待的泥沼，不过最棘手的莫过于两者的集合体。

有些家长乍看学历很高，但他本来想考东京大学，最后却只考上了庆应大学。成功体验和耻辱体验的融合会化作对子女的扭曲期望。他们表面上希望"孩子取得成功"，潜意识里却认为"孩子也得尝一尝耻辱的滋味"。所以他们一边用自己的成功经验激励孩子，一边却不肯承认孩子的努力与成长，翻来覆去告诉他"你还不够好"。

他们百般挑剔的，其实是过去的自己。

无论家长是有学历自卑情结，还是害怕孩子脱离高学历的轨道，其根源都在于"人生的成功与学历挂钩"这一错误观念。这两种现象不过是硬币的正反面罢了。"没有漂亮的学历，就过不上体面的生活"——他们向孩子灌输这样的恐惧，试图以此掌控孩子。这就是教育虐待的基本结构。

| 第 7 章 |

酿成教育虐待的两种功能失调

"学历"本是公平的通行证

"教育虐待"这样的话题每每引发公众的关注，都会牵出一堆千篇一律的批判，诸如"都是补习班的错""都怪偏差值教育""学历社会害死人"……然而，任世人如何嚷嚷"学历百无一用""无法用偏差值衡量一个人的价值"，教育虐待恐怕都不会消失。

众所周知，学历已不像过去那般重要，再高的偏差值也成不了炫耀的资本。可是正因为家长总想"把孩子培养得更好"，才会下意识地认为"有学历总比没学历好""偏差值总归是越高越好""为了考出高分上个好学校，还是送孩子上补习班为好"。

只要教育领域还存在竞争，这种心态就不会消失。那么，为什么教育领域会存在竞争呢？为什么竞争会变得如此激烈？这得从日本升学制度的过度竞争的背景原因说起。

在20世纪60年代的经济高速增长期，日本出现了大规模的人口转移——从农村到城市，从第一产业到第三产业。脑力劳动的增加推高了"人力资源开发"的必要性。无论一个人出生在怎样的穷乡僻壤，无论家里的条件有多差，只要肯努力学习，就能上好学校。只要学历过硬，就能从事脑力劳动，不问出身。如此一来，便能过上稳定而美好的生活。因此，学历成了阶级跃升的通行证。

在70年代，日本高中入学率已突破90%，到了80年代更是接近95%。每个人都想得到一张更强有力的通行证，于是围绕高等教育的竞争就变得越来越激烈了。

如今，"学历"一词往往以"学历歧视"的形式出现在关于不平等现象的描述中，殊不知它原本是实现社会平等的公平制度的一部分。

然而，随着全社会对学历的日渐关注，教育工作的一项重要属性已被日本社会所遗忘。

教育（尤其是文科教育）的初衷是拓宽人们的视野与知识面，使大家能够按照自己的意愿过上自由的生活。简而言之，教育旨在丰富个体的人生。与此同时，个体会把在此过程中获得的"价值"回馈一部分给他所属的群体，促使成员相互帮助，确保彼此的安心与安全。教育正是以这种方式维持着社会的运转。换句话说，教育的受益者不单单是受教育者自己，而是包括受教育者在内的全社会。教育在壮大全社会方面发挥着重要作用。

但由于人们普遍认为"学习是为了获得更高的学历"，以至于认定"教育的受益者是受教育者自己"，教育的公共属性就被大大削弱了。

如果教育是一种以获得学历为目标的竞争，那就更应该让所有的孩子享受到平等的教育机会，所以日本政府的教育部门对公平性高度重视。放眼世界，日本的教育体系也的确是相对平等的。

谁知意料之外的悖论就此产生：明明每个人都得到了同样的教育机会，成绩却有好有坏。而人们普遍认为，成绩的差异源于努力程度的差异。大家认定分数高的孩子就是比分数低的孩子努力，哪怕只差一分也不例外。考试分数就这样和"一个人的价值"挂了钩。

由于考试分数会随着考题的难度上下浮动，人们开始使用"偏差值"这一更加客观的数值来比较学生的学习水平。

于是"偏差值高的孩子"便成了"更愿意努力的好学生"。

为了获得更高的偏差值，被名牌学校录取，学生们不得不加倍努力。父母送孩子上补习班，为他们创造努力学习的条件。这就是补习班生意红火的原因所在。

简而言之，正是为了促进教育机会的平等、创造一个阶级不固化的公平社会，教育才会演变为竞争的舞台。真是天大的讽刺。哪怕政府禁止补习班、禁用偏差值，竞争性教育和教育虐待也不会消失，问题没有那么简单。

创造"正确答案"的能力更重要

为确保竞争的公平性，规则本身也必须是公平公正的。所以日本的考试有明确的出题范围，每道题的正确答案都是事先给出的，考验的是学生能以多高的准确度把答案写出来。这样的考试不容许任何形式的模棱两可。

全体国民接受的都是这种形式的教育。从小到大，师长会反复告诉你，每道题都只有一个正确答案。这种文化就是所谓的"正确答案主义"。我们甚至可以说，这是日本的国民病。

但我们又偏偏生活在一个"没有正确答案的时代"。人们常说，比起寻找唯一正确答案的能力，我们更需要的是"根据实际情况推导最优解"的能力。

不过细细一琢磨，你就会察觉到不对劲了。世间本没有所谓的正确答案。最优解无时无刻不在变化。人类自古以来就是靠着随机应变生存下来的，说当下是"没有正确答案的时代"本就莫名其妙。

当全社会朝特定的方向发展时，标准化的社会会为其范围内的正确答案提供担保。于是我们便产生了一种错觉，误以为自己生活在一个有正确答案的世界里。

然而直到现在，许多人仍然深陷于"寻找正确答案"的泥沼中。如今这批中小学生的父母恰好出生在经济高速增长期，在这样的教育中成长起来。正确答案主义在他们心中早已是根深蒂固。

接受教育杂志等媒体的采访时，常有人提出如此滑稽的问题："我们的下一代不得不面对一个没有正确答案的世界，那么怎么样的教育才算是正确答案呢？"

国家层面的讨论也是如此。各路专家都在探讨应该为生活在"没有正确答案的时代"的孩子们提供怎样的教育——可这样的讨论本身已经陷入了"什么样的教育才是正确答案"，也就是正确答案主义的陷阱。

于是家长们也理所当然地认为养育子女的方式也有"正确答案"。不知道"正确答案"就浑身不舒服，认定不按照"正确答案"养育孩子就会栽大跟头。不仔细观察孩子的状态，却一心想把"正确答案"套在孩子头上。

如果家长认定的方法对子女而言恰好是最优解，那倒是皆大欢喜。可如果不是，孩子就会备受煎熬。即便如此，家长还是认定"这就是正确答案"，硬是把孩子往"正确答案"的框架里塞。"为你好"完全有可能毁掉一个孩子。

养育子女没有"正确答案",这意味着"错误答案"同样不存在。也许孩子不会长成父母想要的样子,但只要父母别太多管闲事,他们总能收获恰如其分的成长。通过教育领域的各个侧面的深入采访,这已成为我坚定的信念。

假设我们需要从 A 地前往 B 地。那肯定是有人想走最短的路线,有人想欣赏沿途的秀丽风光,有人想走最安全的路线。于是第一类人赢得了时间,第二类人收获了感动,第三类人实现了安心。这三样东西都有不同的价值。也许有些人本想要时间,却因为走错了路收获了感动。养育子女也是如此。

有过几次这样的经历,你就能把每一次"绕道"转化成精神食粮。换句话说,你会掌握在事后将所谓的"错误答案"主动变为"正确答案"的能力。自行创造正确答案的能力在手,"没有正确答案的时代"何惧之有。充分利用"绕道"的能力,才能帮助我们在未来笑傲江湖。

要想让孩子掌握这种能力,做父母的首先得有这样的人生心态。所以我经常在讲座中半开玩笑道:"各位爸爸妈妈要想让孩子茁壮成长,就千万不能看《快速减肥法》《绝对赚钱的股票投资法》《培养聪明孩子的法则》之类的书。检查一下家里的书橱,把这种书统统扔掉!"

语气虽然随意,却是我的肺腑之言。

成功不是父母的功劳，而是孩子本身底子好

总有人觉得，只要能让孩子获得日本顶级学府的文凭，无论如何打骂都不要紧，哪怕把椅子一脚踹飞都行，结果好便是万事大吉。

"花丸学习会"是一所非常受欢迎的补习班，其办学宗旨是把孩子们培养成"能养活自己的大人"。学习会代表高滨正伸老师也表示，"硬逼孩子学习，确实能让他们获得一定水平的学历"。不过他补充道："但也有些孩子承受不住，彻底崩溃。"第2章中的晴男兄弟和第3章中的美千代便是最好的证明。

高滨老师如此断言："有些孩子才上一年级，家长就布置了大量的作业，完全超出了孩子的承受能力。哪怕孩子能扛住重压，收获光鲜亮丽的学历，只要生存能力不过关，那就毫无意义。"据说在这种环境下长大的孩子总是显得很紧张。

曾经，有一位母亲在教育方面惟夫命是从，丈夫对方方面面做出了详细的规划。她完全按丈夫说的送孩子上补习班，辅导孩子学习。然而在高滨老师看来，他们家的教育方法简直是胡来。而这位母亲只顾着完成丈夫布置下来的任务，没有余力顾及孩子

的感受。

万幸的是，母亲在听完高滨先生的讲座后幡然醒悟。她意识到，家长没有必要把孩子逼得那么紧。

但问题随之而来。妻子违背了丈夫制定的教育方针。她的解释也没能改变丈夫的想法。夫妻之间冲突不断升温……最终，他们因为教育理念不合选择了离婚。父母离婚竟是因为他们都想给孩子最好的，这着实令人心酸。

有教育虐待倾向的父母有一个共同点：固执己见。换句话说，他们的视野过于狭窄了。他们不明白教育的最终目的是什么，也不清楚人为什么要学习，却扑向了提高考试分数、考上好学校的方法。

话说有些孩子在父母的逼迫下埋头学习，最后真的考上了东京大学，但也有些孩子撑不了多久就被压垮了。两者的区别在哪里呢？

"区别在于孩子本身的底子。有些孩子天生就是那块料，家长逼得再狠也受得了，换别的孩子早就撑不住了。舆论总爱把碰巧成功的例子包装成父母的功劳，这种风潮是很有问题的。只是那个孩子本身比较强大罢了。"高滨先生斩钉截铁道。

潜心钻研"让孩子更聪明的学习方法""帮孩子考上东京大学的习惯"，原封不动套在自家孩子身上，也不一定会按书里说的那样大获成功。有血有肉的人终究不是机器人。每个人的情况都不一样。

从概率角度看，把书店教辅区的每一本书介绍的"应试技巧"都试一遍，"不适合自家孩子"的肯定占多数，所以总体效果必然是弊大于利，白白委屈了被耍得团团转的孩子。

奈何苦苦相逼的父母就是不明白这一点。他们认定，"我明明用了最正确的方法教他，效果却不好，这肯定是因为他不够努力"。正是这种焦虑导致了过度的训斥和逼迫。

就算父母当年上了 A 补习班，顺利考上了第一志愿，也并不意味着孩子去同一家补习班就能同样考上第一志愿。育儿方面的成功案例时效极短，且不具备通用性。把一两个特例（"亲戚家的小×就是用这样的学习方法考上了名牌初中"）升级扩大成通用的规律是莫大的错误。

"那些家长认定，孩子低年级阶段要上这家补习班，学这款教材，中年级阶段要上这种兴趣班，体验这种项目，到了高年级要上那家补习班的那个课程，这样就能考上名牌初中了。这种思路和穿着名牌西装，开豪车去高档餐厅如出一辙。他们把世人眼里的'好东西'集合成一套最佳方案，对此深信不疑，根本没有用心观察孩子的状态，所以才把握不好那个'度'。"高滨老师深感忧虑。

之前提到的"Z会升学教室"的长野老师也说："我不认为每件事都存在正确的做法。参考别人的方法固然好，但仅仅是模仿肯定是不够的。而且无论你尝试什么方法，都得建立在良好的亲子关系上，否则就毫无意义。大家不妨试想一下。假设你尝试了一种'××保健法'，生活却极不规律，成天暴饮暴食。在这种状态下，什么样的保健法显然都是不管用的。为人父母也是如此。在亲子关系不稳定的状态下买新的习题册，或是尝试新的学习方法，那也是徒劳。"

商业原理污染了教育

保健食品与药物的效果必须达到一定的标准。要宣传药效，就得有相应的科学依据。如果吃了没有效果，那就是厂商有问题。

但是"让孩子变聪明的技巧"全靠发明者的一张嘴。效果不好，那就是"孩子的能力有问题"。旨在激发孩子潜力的方法，竟成了贬低孩子的武器。

有些技巧号称"在脑科学领域得到了证实"，可越是这么说，就越是不可轻信。因为脑科学是一门年轻的学问，被科学家研究透的大脑功能寥寥无几。家长万不可盲目相信。

在20世纪90年代，所谓的"右脑教育"风靡一时，但现在已经很少听到了。在21世纪初则是"前额皮质"备受关注，可现在也没人提了，这便是最好的证据。连我这样的门外汉都能据此得出一个结论——到头来还是"样样都重要"。

番茄对身体再好，人也不可能靠"只吃番茄"变得健康。核心力量训练是很重要，但这并不意味着只练核心力量就能成为运动健将。关键在于平衡，养育子女也是如此。

我不是那种希望将一切置于法律框架内的人，却也觉得有关部门兴许有必要对"变聪明的技巧"进行某种程度的监管。

教育的成果本就因人而异。有人会运用他们学到的知识和技能发明突破性技术，富甲一方。有人会利用他们掌握的教养与沟通能力广结善缘，改变社会。还有人会醉心于数学的世界，废寝忘食地研究算式之美。这些成果也许会出现在他们受教育的那一刻，也许要等上几十年才会表现出来。世上有多少人，就有多少种"学习的意义"。

换句话说，我们不可能预测一个孩子能通过学习收获什么。简而言之，学习的价值得试过才知道。正因为如此，我们才很难跟孩子解释学习的必要性。

教育的成效本就是无法保证的。然而在现实生活中，"只要照做就能成功！"的"学习技巧"泛滥成灾，还有居心不良的商家以"帮助孩子在今后的全球化社会中站稳脚跟"相要挟，试图牢牢抓住家长的心。

"希望教育产生立竿见影的效果"——这些商家巧妙利用了这一风潮。我们也可以说，是商业原理污染了教育。

做生意的本质是即时、等价交换对双方来说具有价值的东西。但如前所述，我们根本无法预测教育能带来的价值。也就是说，商业原理并不适用于教育。

若是硬把商业原理套用在教育上，"期望教育带来可以预测的成果"便是必然的后果。

例如，六年制完中（初中+高中）的办学初衷是丰富学生的人生，而不是在这六年里取得立竿见影的成果。让孩子考上心仪的学校、考出高分是教育的必要条件，而非充分条件。要是孩子上了一所"好学校"，也考进了心仪的大学，但不知为何在人生路上处处碰壁，那就是本末倒置了。

奈何人们愈发希望六年制完中能带来明确的成果，于是大学升学率、偏差值之类的参数也愈发受到关注了。

教育的价值一旦被量化，大人就会以同样的标准去衡量孩子的价值，诸如"这孩子是 A 中的，那孩子是 B 中的，A 中的更有出息""这孩子的偏差值是 60，那孩子才 40，所以 60 的那个更好"……而孩子的成绩也与父母的能力直接挂钩，比如"那家的家长真厉害，把儿子送进了××学校。这家的大人就不行，女儿只上了个××学校"。

这种情况也是滋生教育虐待的温床。

"人力资源开发"不等于"教育"

"人力资源开发"（日语：人材育成）一词完美体现了商业原理对教育领域的入侵。

先说结论："教育"以孩子为本，而"人力资源开发"以目的为导向。两者的出发点完全相反。然而近年来，人们在探讨教育问题时常常将两者混为一谈。下面让我们深入分析一下两者之间的区别。

做学问讲究"学以聚之，问以辩之"。而学习在日语中写作"勉强"，即"强迫自己努力"。

这两个概念看似相似，其实恰恰相反。若将人比作一棵树，学习就好似在地上扎根，做学问则更像是朝天空伸展枝丫。只有向四面八方伸展根系，高效吸收先人的智慧，我们才可以将枝叶延伸到前人未曾到达的高空。

但榉树有榉树的种法，松树有松树的种法。只要准备好最合适的环境，小小的种子也能自行生根发芽，靠自己的力量长成枝繁叶茂的大树。这就是教育。

换句话说，教育的关键在于认清每个人的特性，并为其提供最有利的环境。所以争论"什么样的教育才是最好的"毫无意义。我们更应该讨论的是"怎样才能培养出更多样的人"。

而"人力资源开发"指的是把人加工成具有一定规格的状态，使其适用于某种目的。其侧重点在于如何高效地开发"人力资源"。

请大家注意，成"材"的东西一般都是死物，好比"食材"和"木材"。"人材"当然还活着，可若是被"材"的职责困住了手脚，就会失去"活物"特有的"活力"。成"材"之物皆已丧失"活力"。

"人力资源开发"和"教育虐待"还有一个共同点，那就是"忽视了被指导者的意愿"。换句话说，"人力资源开发"的概念很容易与"虐待"直接挂钩。

倘若真是如此，那么在"教育"被"人力资源开发"替代的那一刻，通往"虐待"的大门就被打开了。真正意义上的"教育"不可能直接导致"虐待"。"教育虐待"现象的本质，也许正是"人力资源开发型虐待"。

教育虐待又岂是特例。我严重怀疑，在第 5 章中提到的"education maltreatment"（教育层面的不恰当对待）范畴的大多数行为，都是"教育"被"人力资源开发"替代的结果。

再加上"能否帮孩子实现目标全看父母的本事"这一幻想，大人便会产生一种执念，认为"做父母的必须不惜一切代价让孩子取得好成绩"。这恐怕也是导致父母走上教育虐待之路的一大因素。

家庭层面的功能失调更为棘手

全社会过于强调"学历"这一通行证的功能，明明置身于"没有正确答案的时代"，却处处追求"正确答案"。而商业思维的蔓延又将细水长流的"教育"替换成了短视的"人力资源开发"。我们完全可以说，这是一种社会层面的功能失调。

再加上父母没能在自己的人生中消灭的恐惧、丧偶式育儿的压力、夫妻之间的纠葛等因素，"为你好"便会化作诅咒，发展成摧毁孩子的教育虐待。

不过，家长如果只是过度热衷于教育，又碰上了这些不利条件，倒也不是不可能走出泥潭。我相信很多家长在听完高滨先生的讲座、看完长野老师的著作之后成功放下了执念，没有沦为教育虐待的实施者。

也许游走在危险边缘的经历，也是父母更上一层楼的必要食粮。

然而，教育虐待的黑暗背后有时还隐藏着更深层次的问题。那就是起因于父母原生家庭的家庭功能失调。

社会功能失调与家庭功能失调不幸交叠之处，便成了最恶劣的教育虐待的温床。第1章提到的小凛就属于这种情况。孩子不得不承受巨大的伤害，而且几乎无处可逃。发展成生死攸关的极端事件的教育虐待往往符合这一模式。

何为家庭功能失调？

心理学的家庭疗法认为，某个家庭成员出现慢性身心疾病意味着"整个家族（可追溯到两三代人之前）的大问题在这名成员身上表现了出来"。

遇到这种情况，单单治疗发病的个体往往无济于事。因为他一恢复，就会有另一位家庭成员出问题。正是这样的经验让心理医生总结出了上述理论。这就好比是一个人因为肩颈酸痛做了肩颈按摩，结果腰开始痛了。

如果家庭中存在某种功能失调，"褶皱"（不良影响）就会表现在某个成员身上。光抚平这条褶皱没用，因为其他地方也会皱起来。忙活半天不过是击鼓传花，在家庭内部把问题传来传去。若要彻底清除"褶皱",就必须把家庭作为一个整体来看待,并改变这个整体。

家庭成员的思维、情绪和行为会对彼此产生巨大的影响。我们可以把每个家庭成员想象成一块磁铁。磁铁之间相互吸引或排斥,保持着微妙的平衡。

假如某个家庭成员患上了身体或精神疾病,或无法适应社会,其他家庭成员基本都会自动且无意识地对此渐渐做出反应,弥补缺失的功能,试图让家庭体系稳定下来。

理论方面我就不详细展开了。在小凛的事例中,我们不难推测出她母亲那一代的家庭体系已经出现了严重的功能失调,于是其"褶皱"就体现在小凛身上。

小凛无法忍受这种难以名状的煎熬,走上了绝路。结果长期在精神上摆布她的母亲患上了抑郁症。从家庭体系理论的角度来看,这样的结果十分合理。

而小凛的弟弟小弘不愿受到这种不良影响,与功能失调的家庭断绝关系,走上了独立自主的道路。这也是一种艰难而无奈的选择。

有时也需要求助于专家

除了教育虐待，虐待儿童、家庭暴力、精神暴力、酗酒、赌博成瘾、性瘾等问题都可能出现在这种结构中。

受害者与加害者都置身于同一套家庭体系中。

比如"酗酒家暴的丈夫"肯定是加害者，而他的妻子是受害者。但从心理学上讲，这位妻子有时也无法与造成丈夫酗酒的"共同依赖"关系划清界限。

如果丈夫嗜酒如命，喝坏了身体，或是发展到了社会适应不良的地步，想方设法帮他戒酒才是真的为他好。可是眼看着丈夫因为喝不到酒大发脾气，有些心软的妻子还是会给他酒喝，美其名曰"这是最后一次"。

这也是丈夫迟迟无法戒酒的原因之一。妻子是下意识地通过这种做法保住"扶持无能丈夫的妻子"这一地位。照理说情况失控时，唯一的选择就是求助专业机构。妻子却"心疼"丈夫，试图以一己之力照顾他的起居。从结果看，正是妻子的这种态度剥夺了丈夫"改过自新的机会"。

同理，把"你这孩子真是没出息""你为什么总是这副样子"这种难听的话挂在嘴边的母亲也在无意识地灌注"你就是离不开我"的观念。

希望孩子永远需要自己的私欲令孩子畏缩不前，难以独立。这些家长下意识地希望孩子继续软弱下去，试图阻止他们走出自己的控制范围。

而教育虐待往往是这类家长实现目标的手段之一。

孩子也会以不恰当的形式予以回应，不自觉地扮演一个"离了父母就什么都做不了"的孩子。

第 1 章中的知佳被咨询师告知"你可以放下你妈妈"的时候，她的第一反应是"我没法这么不孝!"。正是这种心态让知佳的母亲久久无法摆脱加害者的身份。

为了剖析过去，治愈创伤，知佳尝试了一种催眠疗法。她鼓起勇气放下母亲，通过写信讲述自己的心路历程打破了恶性循环。在那之后，母亲的人生一定也发生了某种变化。而家庭的功能也能在此过程中逐渐恢复。

如果造成教育虐待的父母只是过度热衷教育，一时没把握好度，只要他们能及时发现自己的错误，就能在相对较早的时间节点修复亲子关系。孩子的心灵创伤也能以相对较快的速度愈合。

但如果是家庭体系的功能失调造成的教育虐待，当事人就很难靠自己的力量克服。将家庭成员串联起来的丝线已经纠缠在一起了，剪不断理还乱。

正如"序言"部分提到的那样，那些在长大成人之后克服了从小扭曲的亲子关系的人大多寻求了专业人士(比如精神科医生、心理咨询师)的帮助。

如果你认为自己也是受害者，而且至今无法走出当年的创伤，不妨鼓起勇气，向专家求助。

| 第 8 章 |

父母无能为力又何妨

"行为不端"是无声的求救信号

如前所述，除了遭受教育虐待的孩子，实施教育虐待的父母也极有可能是持续数十年的社会功能失调与家庭功能失调的结构性受害者。

在本书的最后，我想从"人权"的角度出发，寻觅减少教育虐待的线索。正如我在第4章中强调的那样，教育虐待就是一种针对孩子的人权侵犯。

1989年，联合国通过了《儿童权利公约》。日本也在1994年批准通过了这一公约。它规定了全世界的成年人应该如何保护各地儿童的人权。

此外，在1990年，联合国根据《儿童权利公约》制定了《联合国预防少年犯罪准则》，简称《利雅得准则》。该准则的前提是"人权受到侵犯的儿童易沦为犯罪者。换言之，犯罪应被视为儿童的人权没有得到尊重的求救信号"。

大人若能将孩子的"行为不端"视作求救信号，尊重他们的人权，他们就能走上正道，并为社会做出贡献。是给行为不端的青少年贴上"罪犯"的标签，把他们当作社会公害，还是保障人权，把他们视作对社会有用的人？这是一个非常重要的问题。《利雅得准则》还指出，"要成功地预防少年违法犯罪，就需要整个社会进行努力，确保青少年的均衡发展，从其幼童期起尊重和促进其性格的发展"①。

事实上，联合国儿童权利委员会在1998年至2019年先后四次就"竞争高度激烈的学校环境可能助长校园霸凌、心理障碍、逃学、辍学与自杀"建议日本政府加强相关对策，保障儿童权益。简而言之，委员会指出日本的社会结构本身不利于保护儿童的权益。

"钟乐儿童中心"的坪井律师表示，《利雅得准则》提到应将儿童和青少年视为"完全的、平等的伙伴"②，这一描述对于理解儿童人权尤为重要。

这个概念本身很容易理解，可它实际上指的是一种怎样的关系呢？大人在知识、力量和经济实力层面占绝对优势，他们要如何在这一前提下与孩子们建立起平等的伙伴关系？

坪井律师说，她一开始也觉得费解。后来，她回顾了自己以律师身份援助孩子的经历，察觉到了一件事："我从没有用居高

---

① 《联合国预防少年犯罪准则》2。
② 《联合国预防少年犯罪准则》10。

临下的态度对待过孩子们。"原来她一直都与孩子们保持着平等的伙伴关系,只是她自己无知无觉罢了。

"每次和他们说话,我都很受打击。他们经历了我从未体验过的困境,他们诉说的故事压得我喘不过气,无所适从,深感无力,甚至想要逃避。律师的本职工作是向委托人提供法律建议。可一旦涉及儿童人权问题,我就词穷了。我这个成年人的经验派不上一点儿用场。面对这样的窘境,我唯一能做的就是告诉他们,'我没法为你做什么,只是真心希望你能活下去。如果有我帮得上忙的地方,我一定会帮的,尽管找我就是了'。"

陪着孩子一起惶惑不安就够了

坪井律师认为,儿童的人权有三大支柱。

(1) 有人告诉他:"谢谢你来到这个世界。"
(2) 有人告诉他:"你并不孤单。"
(3) 得到他人的认可:"你的人生你做主。"

"简而言之,我们成年人只需做这三件事。反过来说,除了这三件事，我们也做不了别的。一言以蔽之，我们是无力的。到头来，我们只能陪着孩子一起惶惑不安，仅此而已。但我们对儿童的援助正是从承认自己的无力开始的。关键在于告诉孩子们，即使我们什么都做不了，也会一直陪着他们，只希望他们活下去。"

援助者不应该去追求"孩子一天比一天有精神""父母改头换面"这种简单明了的成果。我们更需要的是与陷入困境的孩子一起惶惑不安、注视孩子们靠自己的力量拾回人生的态度。

"正因为我们每个人都很弱小，才要团结一心，坚持护住一个孩子。只要齐心协力，无论个体的力量有多么弱小，无论孩子们如何试探，都无法打破我们的队列。无力的大人们必须团结起来，才能让孩子们敞开心扉。只有这样，他们才会生出力量，用自己的双脚在人生中迈出新的一步。只有这样，'想活下去，想被爱'的念头才会在他们心中复苏。这就是我们的职责。"

软弱无力又何妨。守护孩子的大人不需要具备任何特殊技能。

"'钟乐'的工作人员也会这么建议孩子们：'你可以选这条路，也可以选那条路。这个方法比那个方法更容易也更合理……'但我们一定会明确态度，告诉他们'最终拿主意的是你'。'自己拿主意'是很重要的。瞧瞧那些为自己选定前进方向的孩子，他们看起来是那么自豪。我能感觉到,他们已经重新建立起了作为一个人的尊严。他们会告诉自己,'我的路,我来选'。孩子们教会了我,这才是真正意义上的人权救济。"

坪井律师向我们讲述了她职业生涯的"转折点"。

为了逃避校园霸凌,一个男孩试图服药自杀。那种药服下80片就铁定救不回来了,而他服用了50片。见到坪井律师时,男孩说道:"我赌了一把,生死的机会各半。我一点儿都不怕死。"

他还说:"有一件事比什么都让我生气。教育委员会发下来一张卡片,上面写着:'如果你有勇气去死,就站出来反抗欺凌。'可死用得着什么勇气呢?正因为我没法站出来反抗,才只能去死啊。我越看越气,心想这些大人什么都不肯为我们做,凭什么说这种不负责任的话?"

他就读于某名牌初中,被同学欺负了三个多月。他也曾试图讨好同学,融入其中,可惜并未奏效。因为怕父母伤心,他甚至不敢告诉家里。

"大家都讨厌我。我不在他们就痛快了。"他觉得浑身无力,上学都成了一桩难事。

当他告诉父母自己没法去上学时,得到的却是严厉的训斥:"这都三个月了,你为什么一声不吭?窝囊废!不要理会这些!其他人不都能打起精神上学吗?坚强一点啊!"

最后一根生命线仿佛在那一刻被彻底切断。长久以来,父母灌输给他的价值观就只有"上好学校、考好成绩、争取进一所好大学"而已。所以他觉得自己要是没法去上学了,就没有任何价值了。

见坪井律师手足无措,男孩说道:"我还是第一次碰到这么认真听孩子说话的大人。"

"我想他大概是从没遇到过从头到尾认真听自己倾诉的大人。以往找大人商量的时候,他得到的答复恐怕都是'哦,那就这么办'或者'行了行了,知道了知道了'。"

在那一刻,坪井律师终于意识到——"啊!原来这就是孩子们想要的!"这令她生出了希望。"我也许能把这件事做好!"

她给不了建议,解决不了问题,也没法帮孩子打起精神,却可以听他倾诉,守在他身边,希望他活下去,直到他说"够了"。

这件事让坪井律师想通了——"别的忙我是帮不上的,但我可以陪着他一起惶惑不安。如果还有什么我可以做的,尽管告诉我。因为我希望你能活下去。如果我也遇到了麻烦,不知所措,也希望你能陪着我一起不知所措。如果有你帮得上忙的地方,我一定会开口的。"

坪井律师意识到,这就是"大人和孩子之间的平等伙伴关系"。她也能感受到,当大人采取这种立场时,孩子们身上的某些东西就会发生变化。

"寻过死的孩子是不会轻易好起来的。可即便是坠入无底深渊，置身于无边阴冷的孩子，也会迎来小火苗在心中点亮的瞬间。他们的下坠会在那一刻停止。从那时起，他们便能在父母、医生、学校老师、咨询师和其他人的帮助下，逐渐恢复活力。"

孩子会将生命注入自己的话语

孩子一旦寻过死，父母便会抛下执念，只求他好好活着。不需要考出好成绩，不上学也没关系，只要你平平安安就行——其实正因为他们忘记了这种感觉，孩子才不得不牺牲自己来诉说这一点。

没出事的时候，家长总觉得孩子每天早上正常起床，怨声载道地去上学，带着一般般的成绩回家是理所当然的。殊不知这正是通往黑暗深渊的陷阱。家长很容易安于这种"理所当然"的状态，在不知不觉中侵犯了孩子的人权。

男孩自杀未遂的故事还有下文。他决定退学，而父母也认可了他的决定，表示："人生路还长着，绕两三年的路又有什么关系。想回学校的时候再回去就是了。只要孩子好好活着，走自己的路,我们就心满意足了。"

男孩请坪井律师帮他一个忙,"把我说的那些话转述给学校的老师"。

他不会再回学校了。但他认为,向老师们讲述他的经历有助于防止其他孩子和他受一样的苦。他想让老师们知道,模棱两可的干预会让学生受到多大的伤害。

"他应该是觉得,这么做可以将那段消极的经历转化成积极的元素。"

坪井律师照办了。老师们虚心接受,牢记在心。听完坪井律师的汇报,男孩也很高兴。

"孩子们将生命注入了自己的倾诉。认真对待他们的倾诉,就等于是告诉他们,'我在认真对待你的生命'。"

退学后,男孩踏上了坐慢车环游全国的旅程。

坪井律师援助的孩子都有过异常惨烈的经历。但帮助他们并不需要律师的专业知识,也不需要心理咨询师的专业技能。只需要听他们倾诉,和他们一起烦恼,一起惶惑就行了。广大父母应该做的也不过如此。

父母对孩子的成长有着巨大的影响力,这一点毋庸置疑。但我敢说,父母归根结底其实是无力的。不,我们应该这么说:父母无能为力又何妨,无力就对了。

父母总想为孩子做这做那，但你做的那些事不一定能带来理想的结果。不尽如人意恐怕才是常态。孩子总会在与父母的意图没有多大关系的地方成长起来。

名校毕业的父母把自己接受过的教育套用在孩子身上，也不一定能把孩子送进名校。但进不了名校并不意味着孩子的人生定会比父母不幸。也许他的人生会比父母更快乐、更充实。

请容我再强调一遍：也许孩子不会长成父母想要的样子，但只要父母别太多管闲事，他们总能收获恰如其分的成长。我对此坚信不疑。

"孩子是社会的财富"具有两层含义

其实在我看来，是现代社会把"父母"这一概念捧上了天。

养育子女其实是在培养未来的社会成员。换句话说，这是一项创造未来的社会工作，而工作的成本本该由全社会承担。反过来说，社会本不该容许父母将孩子私有化。父母照顾孩子一段时间之后，就必须把他们返还给社会。

"为孩子打算"是父母的天性，我也不否认这一点。但"希望孩子取得自己想要的结果"无疑是父母的一己私欲。

孩子不是为父母活着的，也不会按父母理想中的轨道前进。只有靠自己的力量开拓前路，他们才能品尝到"活着"的感觉。父母唯一能做的，就是鼓励孩子，默默守望。

对父母而言，这也许是非常痛苦的。他们总忍不住出手干预，然而，在孩子没开口的情况下擅自干涉，就等于是在告诉孩子："离了我，你什么都做不成。"

在这种状态下，孩子永远都无法实现精神独立。他们永远都感觉不到"我在过自己的人生"，不得不在憋屈中过活。他们会责怪他人，过不知道属于谁的人生。

人们常说"孩子是社会的财富"，但这句话不单单意味着"全社会应该团结起来保护孩子"。它的第二层意思是，"父母不应该把孩子看作是自己的私有财产"。

然而现实情况是，社会将养育子女的大部分成本强加给了"父母"，无限扩大"父母"的概念。简而言之，正是社会对养育下一代的参与度下降导致了"对儿童人权的漠视"，为教育虐待创造了一片沃土。

大人耐不住自由，孩子的人权就无法得到保障

这不仅仅是教育虐待的问题。全社会的人权意识低下必然会

招致虐待、歧视和不平等的增加。欺凌、犯罪、自杀、抑郁症发病率上升、出生率下降等问题都能被定位为社会层面的不成熟人权意识造成的种种社会扭曲的表现。那么反过来说，如果全社会能够加强人权意识，减少一切形式的虐待、歧视和不平等，教育虐待就定会相应减少。

为了实现这一目标，我们不光要保障儿童的人权，还要保障大人的人权。换句话说，我们也需要告诉大人们，"谢谢你来到这个世界""你并不孤单""你的人生你做主"。

"谢谢你来到这个世界"的言外之意是"你存在于此就是一件好事，你站在这里就是有价值的"。

一个人若能无条件地产生这种感觉，就会认为自己人生中的一切都是美好的，无论此刻是阳光灿烂还是风雨交加。用专业术语来说，这种人有很强的"自我肯定感"。

不过，"我通过努力取得了很多成就"这样的"自信"和"自我肯定感"不是一回事。一个长期在竞争中取胜、充满自信的人也许会因为一场失利彻底崩溃。这种"自信"是很脆弱的。毕竟它是"有根据的自信"，根据一旦被动摇，自信也会随之摇摇欲坠。

真正的自我肯定感没有那么不堪一击。我们甚至可以说，那是一种"毫无根据的自信"，无论如何都不会动摇。

自我肯定感强的人不会因为一点小挫折气馁。稍微挨两句批评也能接受。他可以感觉到，人间总是值得的。最重要的是，他能感觉到自己的人生就是最美妙的，其他人的人生也和自己的一样宝贵。这种人不会因为学历、工作单位或收入歧视别人，觉得自己高人一等。

"你并不孤单"的言外之意是，有人愿意和你一起惶惑不安。对方不是因为你有钱有势，或是有特别的技能才跟你保持联系的。通过在跨行业交流会上广发名片、参加时下流行的线上沙龙、在社交平台上加好友建立起的虚假人脉再广也毫无意义。

只要有一个人愿意关注真实的你，认可真实的你，你就能走出孤独，鼓起勇气。

知道有人认可真实的自己，包容自己的不成熟、不完美和缺点，人就会产生安全感，进而接纳他人的不成熟、不完美和缺点。能认可真实的他人，就能接受自己真实的模样。这便形成了良性循环，于是大家就可以活在一种相互接纳的人际关系中了。

"你的人生你做主"，其实就意味着你觉得"我在走自己选的路"。

然而在现实生活中，又有几个大人能昂首挺胸地说出"我的人生我做主"呢？许多成年人没有自己做主的感觉，一遇到挫折就把责任归咎于他人。

怪上司，怪公司，怪丈夫，怪妻子，怪政府，怪社会，怪时代……将问题归咎于他人，就等于是宣布"我没有能力改变现状"，承认自己是无处可逃的囚徒。这是不折不扣的"不自由宣言"。

也许正因为大人不能自主选择要走的路，正因为大人过得不自由，才会下意识地不让孩子选自己要走的路。如果我们这些成年人都不能过上自由的人生，做不到"我的人生我做主"，活不出尊严，又怎么可能保护好孩子的人权呢？

自由意味着无法怪罪别人。这是一种绝妙的感觉。自由是人类所掌握的最具吸引力也最危险的东西。"你想怎么样？""你在想什么？""对你来说什么才是真正重要的？"……自由本身就是无数"问题"的集合。如果你没有能力直视这些问题，把它们放在心上，就绝对耐不住自由。

若想重获自由，下决心"不为任何事怪罪他人"就行了。不将任何的不如意归咎于别人或别的东西，而是把这件事作为针对自己的问题揣在心里。哪怕无法改变现状，只要你不放弃这个问题，你就是自由的，就能为自己的人生感到骄傲。一个自由的人是不会去束缚他人的。

如果满足上述三个条件的大人有所增加，教育虐待自不用说，各种形式的虐待、歧视、不平等和其他侵犯人权的行为都会大大减少。

既然是这样,我们该做的事就不言自明了。

我们每个人都应该告诉身边最亲近的人,"谢谢你来到这个世界""你并不孤单""你的人生你做主"。用你自己的方式说,不厌其烦地说。直到社会逐步改变。

我相信,只要大家都这么做,哪怕只做这一件事,我们就会离每个大人和孩子都能过得有尊严的社会更进一步。

| 结 语 |

  为推出此次的修订版，我对书稿进行了大幅修改。在 2015 年推出的本书前身《苦苦相逼的父母》中，我并没有剖析教育虐待的结构。但通过后续采访，问题的根源变得更加清晰。除了补充，我还删去了大量叙述冗长的部分。

  过度偏重学历、病态的正确答案主义及商业思维的蔓延将"教育"替换成了"人力资源开发"。我们完全可以说，这是一种社会层面的功能失调。其结果就是"教育虐待"和其他形式的"education maltreatment"（教育层面的不恰当对待）。尽管在错综复杂的结构性问题面前，大部分成年人是束手无策的，但只要我们站在尊重儿童人权的立场上，就能看到一线光明。只要全社会普遍加强人权意识，就有希望减少教育虐待和各种类型的虐待、歧视与不平等现象。

  以上就是本书对教育虐待的结构做出的分析。然而一旦纵观全局，教育虐待的触目惊心之感便会被大大削弱。我很害怕这种情况发生，所以想在本书的最后恳请大家回忆一下书中介绍的种种事例。

这些事例的凄惨程度远超我的想象。有时我甚至无言以对。不过许多经历过骇人的教育虐待的人勇敢克服了困难，活出了自己的人生。他们每一个人眼里，都有不可动摇的生命之光在闪耀。也正是这份光亮，将他们的人生衬托得更加璀璨。

无论走了多少弯路，无论浪费了多少时间，无论堕落到什么地步，我们都有能力把自身的经历变成独一无二的辉煌。人类的顽强与美丽就在于此。只有将视线投向黑暗，才能察觉到光辉的本质。这一信念已铭刻在我心中。

但是请大家不要误会，事例带给我们的教训并不是"父母无论怎样伤害孩子都没关系"。我能直接采访到的不过是一小撮幸存者。恐怕许多受困于教育虐待深渊的"孩子"（包括已到成人年纪的人）仍在某处无声呐喊。

庆幸的是，故事的主角们爬出了教育虐待的深渊，夺回了自己的人生。我们应该从中吸取的真正教训是，"无论一个人选择了什么样的人生路，只要他能坚持做自己，就一定会发光。所以父母应该接受孩子原原本本的模样，而不是把自己的理想强加给他们。如此一来，孩子便会从这一刻起迸发出夺目的光彩"。

觉得孩子不出彩，那也不是孩子的问题，而是父母的双眼被蒙蔽了。但这也不完全是父母的错，而是一些不知不觉中普遍化的扭曲的价值观作祟。

换句话说，社会的所有成员都应该为此负责。"褶皱"是碰巧出现在某处的，而那个"某处"也许就在你身上。我们必须牢记，每个人都有可能变成被逼上绝路的孩子，也有可能沦为苦苦相逼的家长。

2019 年 5 月　太田敏正

* 本书的部分版税将赠予"钟乐儿童中心"。

图书在版编目（CIP）数据

重压下的孩子们／（日）太田敏正著；曹逸冰译.
西安：陕西人民出版社，2023.3
ISBN 978-7-224-14639-4

Ⅰ.①重… Ⅱ.①太… ②曹… Ⅲ.①家庭教育—经验—日本 Ⅳ.①G789.313

中国版本图书馆 CIP 数据核字（2022）第 141471 号

著作权合同登记号　　图字：25-2022-124

ルポ 教育虐待（おおたとしまさ）
REPORTAGE KYOUIKUGYAKUTAI
Copyright © 2019 by TOSHIMASA OTA
Original Japanese edition published by Discover 21, Inc., Tokyo, Japan
Simplified Chinese edition published by arrangement with Discover 21, Inc.

出 品 人：赵小峰
总 策 划：关　宁
策划编辑：管中洣　张阿敏
责任编辑：管中洣　张阿敏
封面设计：吴怡璠

重压下的孩子们
ZHONGYA XIA DE HAIZIMEN

作　　者	［日］太田敏正	
译　　者	曹逸冰	
出版发行	陕西新华出版传媒集团　陕西人民出版社	
	（西安市北大街 147 号　邮编：710003）	
印　　刷	陕西龙山海天艺术印务有限公司	
开　　本	889mm×1194mm　32 开	
印　　张	5.25	
字　　数	94 千字	
版　　次	2023 年 3 月第 1 版	
印　　次	2023 年 3 月第 1 次印刷	
书　　号	ISBN 978-7-224-14639-4	
定　　价	45.00 元	

如有印装质量问题，请与本社联系调换。电话：029-87205094